Mis ovejas escuchan
mi voz; yo las conozco,
y ellas me siguen.
Les doy vida eterna,
y nunca perecerán.

JUAN 10:27-28

ESCUCHANDO SU VOZ

ESCUCHANDO

SU

VOZ

90 DEVOCIONALES
PARA PROFUNDIZAR SU
RELACIÓN CON DIOS

CHRIS TIEGREEN

Tyndale House Publishers
Carol Stream, Illinois, EE. UU.

Visite Tyndale en Internet: tyndaleespanol.com.

TYNDALE y el logotipo de la pluma son marcas registradas de Tyndale House Ministries.

Escuchando su voz: 90 devocionales para profundizar su relación con Dios

© 2021 por Chris Tiegreen. Todos los derechos reservados.

Originalmente publicado en inglés en el 2020 como *Hearing His Voice* por Tyndale House Publishers con ISBN 978-1-4964-4696-1.

El contenido del devocional fue adaptado de *The One Year Hearing His Voice Devotional* (Devocional de un año – Escuchando su voz) publicado por Tyndale House Publishers, Inc. en el 2014 con ISBN 978-1-4143-6685-2.

A menos que se indique lo contrario, todas las fotografías de la portada y del interior son propiedad de los respectivos dueños de derechos en Unsplash y todos los derechos son reservados. La banca en la montaña por Kevin Schmid; el cielo por Isaac Ordaz; la ribera rocosa por Juan Manuel Núñez Méndez; los rayos de sol por Todd Quackenbush; el arroyo del bosque por Zhang Kaiyv; la puesta del sol en el valle por Melissa Van Gogh; Antelope Canyon por Ben Kaczmarski/Paulius Dragunas; la silueta de la montaña por Rafael Zúñiga; el valle por Jeremy Bishop; la puesta del sol en el campo de trigo por Jamie Street; las tres coronas © Hackman/Depositphotos.

Diseño: Ron C. Kaufmann

Traducción al español: Mayra Urízar de Ramírez

Edición en español: J. Ismael Ramírez P. e Ismaela Ramírez

Publicado en asociación con la agencia literaria de Mark Sweeney and Associates.

Las citas bíblicas sin otra indicación han sido tomadas de la *Santa Biblia*, Nueva Traducción Viviente © 2010 Tyndale House Foundation. Usada con permiso de Tyndale House Publishers, Carol Stream, Illinois 60188. Todos los derechos reservados.

Las citas bíblicas indicadas con RVR60 han sido tomadas de la versión Reina-Valera 1960® © Sociedades Bíblicas en América Latina, 1960. Renovado © Sociedades Bíblicas Unidas, 1988. Usada con permiso. Reina-Valera 1960® es una marca registrada de las Sociedades Bíblicas Unidas y puede ser usada solo bajo licencia.

Las citas bíblicas indicadas con RVR95 han sido tomadas de la Reina-Valera 95® © Sociedades Bíblicas Unidas, 1995. Usada con permiso.

Las citas bíblicas indicadas con NVI han sido tomadas de la Santa Biblia, *Nueva Versión Internacional,*® NVI.® © 1999 por Biblica, Inc.® Usada con permiso. Todos los derechos reservados mundialmente.

Las citas bíblicas indicadas con LBLA han sido tomadas de LA BIBLIA DE LAS AMERICAS®, © 1986, 1995, 1997 Por The Lockman Foundation. Usada con permiso.

Las citas bíblicas indicadas con NBLA han sido tomadas de la Nueva Biblia de las Américas™ NBLA™, © 2005 por The Lockman Foundation. Sociedad no comercial. Derechos reservados.

Para información acerca de descuentos especiales para compras al por mayor, por favor contacte a Tyndale House Publishers a través de español@tyndale.com.

ISBN 978-1-4964-5062-3

Impreso en China
Printed in China

27   26   25   24   23   22   21
7   6   5   4   3   2   1

INTRODUCCIÓN

*E*scuché en una ocasión a un pastor muy famoso reírse de los cristianos que «creen que en realidad pueden escuchar a Dios directamente». Pero ¿no es cierto que toda la fe cristiana se basa en la creencia de que Dios quiere tener una relación personal con su pueblo? Si es así, parece natural preguntarnos qué clase de relación quiere él. ¿Una relación sin conversación? Seguro que no. Eso difícilmente sería una relación. No, Dios habla, y su pueblo escucha. De eso se trata seguirlo a él.

Aunque muchos en la iglesia occidental insisten en que Dios no nos habla directamente hoy en día —ya sea porque nuestra tendencia a oír es demasiado subjetiva o porque él ya ha dicho todo lo que tiene que decir en la Biblia—, cristianos de culturas con menos rigor analítico y escepticismo escuchan a Dios a diario y hacen obras potentes con el poder de su Espíritu, simplemente siguiendo lo que escuchan. Sí, podemos encontrar ejemplos de abusos e historias de personas que han escuchado mal a Dios, pero hay muchos más testimonios de personas que han oído claramente a Dios y han dado mucho fruto por lo que han escuchado.

Cualquiera puede aprender a reconocer la voz de Dios. Y a Dios no le molestan los escépticos. Él simplemente les habla a las personas que quieren escucharlo y creer.

¿Qué nos dice Dios? ¿Cómo lo dice? ¿Cómo podemos saber que lo hemos escuchado? ¿Qué podemos hacer para escucharlo mejor? Podríamos pasar el resto de nuestra vida aprendiendo a reconocer la voz de Dios, pero, si lo buscamos, podemos estar seguros de que él se pondrá a nuestra disposición. Si escuchamos, él hablará. Y si creemos lo que hemos escuchado, él nos mostrará aún más. Dios siempre busca adentrarnos más profundamente a su voluntad y acercarnos más a sí mismo.

Este libro incluye noventa lecturas devocionales que abordan muchos asuntos relacionados con escuchar a Dios. Una de cada nueve lecturas devocionales está escrita en primera persona como si Dios estuviera hablando desde su corazón. Son cosas que he sentido que él dice y que creo que quiere compartir con quienes quieran escucharlo. A veces las personas se sienten incómodas con esto, pero encaja bien con la práctica del Nuevo Testamento (ver 1 Corintios 14:1 y 1 Pedro 4:11). A Dios no le molestan nuestros esfuerzos por expresar sus pensamientos.

Cada lectura devocional termina con una breve oración. Algunas personas —como yo, a veces— tienden a saltarse las oraciones sugeridas de los libros, pero lo animo a no hacerlo en este libro. Puede que algunas de las oraciones parezcan simples o superfluas, pero están ahí por una razón. Cuando le pedimos a Dios, recibimos. Él responde cuando le expresamos nuestros deseos. Si usted tiene el deseo de escuchar la voz de Dios, entonces, pedir escucharlo mejor, sin importar cuán básica sea la petición, es una práctica que no tiene precio. Si algunas de las oraciones parecen repetitivas, está bien. Se nos dice en las Escrituras que sigamos pidiendo, que persistamos hasta que Dios responda. En el transcurso de noventa días, él responderá... a menudo de maneras sorprendentes.

Escuchar a Dios es un proceso, una jornada y una aventura. Puede llevar tiempo, pero vale la pena el esfuerzo. Él promete que aquellas personas que lo busquen serán recompensadas con su presencia y su voz. Las palabras del Dios vivo son poderosas y transformadoras. Que él bendiga su deseo de escucharlo.

En el principio la Palabra ya existía. La Palabra estaba con Dios,

y la Palabra era Dios.

JUAN 1:1

Desde las primeras páginas de las Escrituras, Dios habla.
Cada vez que él pronuncia una palabra, ocurren cosas. Dice:
«Que haya luz», y la luz cobra existencia, y sigue hablando hasta
que todo nuestro universo se llena de orden y vida. Llama a
un pueblo de entre las naciones y revela sus propósitos a través
de él. Elige profetas para que le den sus mensajes a su pueblo
cuando este está en peligro y necesita volver a él. Y cuando
envía a su propio Hijo a vivir entre nosotros, al Hijo se le llama
«la Palabra». Claramente, no servimos a un Dios que se queda
callado.

Muchas personas no se atreven a afirmar con certeza que
Dios todavía habla hoy, mucho menos personalmente a ellas.
Pueden aceptar su Palabra escrita como su voz, pero, por
supuesto, generalizada para todas las que la leen. Sin embargo,
cuando se trata de conversaciones personales y de buscar dirección, entonces sí se afanan y esfuerzan por escuchar. Nuestra
teología nos dice que Dios habla bastante, pero, por otro lado,

nuestra experiencia nos dice lo contrario. El resultado de esta paradoja es mucha teoría, escasa práctica y demasiada frustración.

El primer paso para escuchar a Dios es reconocer que él todavía habla. Tenemos que estar convencidos de eso para poder abrirnos paso entre las frustraciones que nos asaltarán en el camino a escucharlo. Si tenemos expectativas bajas, ellas debilitarán nuestros esfuerzos. Si sabemos que él es la Palabra que siempre tiene algo que decir, no nos daremos por vencidos fácilmente en nuestros intentos de escucharlo. Por encima de todo, *creeremos*: un prerrequisito para recibir cualquier cosa de Dios. La fe abre nuestros oídos.

Crea no solo que Dios todavía habla, sino que le habla *a usted*. Lo llama a tener una relación con él, y sabemos bien que las relaciones se basan en la comunicación. Las conversaciones con Dios son naturales, usted fue diseñado para ellas. Crea y escuche; y sepa que usted oirá.

Palabra viva, te invito a hablarme. Sé que lo has estado haciendo; por favor, abre mis oídos para que te escuchen. Quiero reconocer el sonido de tu voz y conocer tus pensamientos. Con fe, te escucho.

[Juan,] entonces, recostándose sobre el pecho de Jesús, le preguntó:

—Señor, ¿quién es? Respondió Jesús:

—A quien yo le dé el pan mojado, ése es.

JUAN 13:25-26, RVR95

*L*os conocidos intercambian palabras corteses. Los amigos íntimos intercambian información personal. Nos sorprendería y nos ofendería un poco si un conocido tratara de indagar nuestra información personal antes de conocernos de cerca y establecer una relación de confianza. Aun así, eso es lo que muchos hacemos con Dios; llegamos con peticiones de oración frecuentes y le pedimos que hable de los asuntos que tienen que ver con nuestras pequeñas esferas de interés. Pocos de nosotros nos tomamos el tiempo para preguntarle qué guarda en su corazón, para ser buenos oidores y demostrar un interés genuino en los aspectos de su voluntad que no nos atañen. Podemos suponer que Dios no *necesita* rodearse de buenos oidores, como si quisiera desahogarse o buscar consejo. Sin embargo, Dios nos creó para que nos relacionemos con él, en una interacción profunda y personal, y, aunque él no necesita nuestro consejo, busca nuestro beneficio. Quiere conectarse con aquellas personas que participan de lo que él tiene en su corazón.

Hay una razón por la que Juan se recostó sobre Jesús en la Última Cena y, de esa manera, estuvo al tanto de información confidencial acerca del traidor. Juan era «el discípulo a quien Jesús amaba» (Juan 13:23), uno de los hombres que habían cultivado una verdadera amistad con el Mesías. Él no era un simple conocido que quería sacarle secretos personales a Jesús. Era uno de sus seguidores que estaba interesado genuinamente en el corazón de su amigo y que interactuaba con él en muchos niveles. Se le acercaba no solo cuando necesitaba algo de él, sino en cualquier ocasión y por cualquier razón. Juan no se relacionó con Jesús como un sirviente que estuviera bajo sus órdenes. Se relacionó con Jesús como lo haría un amigo que tuviera con él muchos intereses en común. Y eso lo puso en la posición de escuchar.

Así ocurre con nosotros también. Cuando nos relacionamos con Jesús como amigos, y nos interesamos genuinamente en lo que hay en su corazón, él nos cuenta lo que guarda en su corazón. Y así nos conectamos con él a un nivel muy personal.

Jesús, ¿qué guardas en tu corazón hoy?
En realidad, quiero saberlo. Por favor, dímelo.

Es privilegio de Dios ocultar un asunto, y privilegio del rey descubrirlo.

PROVERBIOS 25:2

*D*ios tiene la tendencia extraña de esconderse de aquellas personas que lo buscan, y sin descanso va tras aquellas que no lo buscan. Tal vez disfruta el ir y venir de un juego espiritual de escondite. O, tal vez, simplemente insiste en que lo encuentren de acuerdo a sus condiciones. Es más probable que su proceder sea el de un pretendiente que busca el objeto de su afecto, pero que no quiere exagerar la intensidad de su deseo. Tiene que haber una reacción genuina de parte de la persona a la que ama, no una forzada. Aun así, él se oculta, oculta su voz, su voluntad específica y sus razones, de maneras que a veces resultan frustrantemente poco claras para nosotros. Nos da una muestra de su bondad, abre nuestros oídos para que lo oigamos, y luego da un paso atrás. Nos busca con anhelo y luego se retira, y provoca, así, tal intensidad en nuestro deseo por él que nos sumerge más profundamente en su corazón. Oculta cosas y se queda a la espera de que nosotros las busquemos.

El proverbio del epígrafe menciona específicamente a los reyes, pero revela la naturaleza de Dios tal como se aplica a todos nosotros. Lo normal es que él no haga tronar su voz desde el cielo; la esconde en lugares secretos y espera a ver quién la anhela. ¿Quién persistirá en su búsqueda de escucharlo? ¿Quién quiere realmente sentir los latidos de su corazón y entender su voluntad? ¿Quién desea sostener una relación con él, en lugar de obedecer un conjunto de principios para guiar su vida? Estas preguntas se responden solamente en la búsqueda. Aquellas personas que están satisfechas con sus prácticas religiosas se rendirán al inicio de la búsqueda. Aquellas que pueden satisfacerse solamente con Dios persistirán hasta que en realidad se encuentren con él. Así es como funciona.

Dios esconde secretos profundos y luego, sutilmente, nos incita a descubrirlos. ¿Seguiremos en esa búsqueda sin desanimarnos? En ocasiones, es el meollo del asunto para quien quiere oírlo hablar. Y la respuesta a esa pregunta siempre debe acercarnos más a él.

Señor, nunca abandonaré mi deseo de tener más de ti:
de más cercanía a ti, de oírte mejor, de una conexión
más profunda contigo. Acércame más a ti
y muéstrame los secretos de tu corazón.

Y estamos seguros de que él nos oye cada vez que le pedimos algo que le agrada;

y como sabemos que él nos oye cuando le hacemos nuestras peticiones, también

sabemos que nos dará lo que le pedimos.

1 JUAN 5:14-15

*P*ara la mayoría de nosotros, el patrón normal de oración es pedirle a Dios que realice ciertas cosas y luego esperar a ver qué hace él con nuestras peticiones. No hay nada de malo con ese acercamiento; cualquier clase de conversación con Dios califica como oración. Pero esas peticiones son casi como disparar una flecha en la oscuridad y esperar que dé en el blanco. ¿Es su voluntad o no? Tendremos que ver si los resultados llegan y cuándo.

Según las promesas bíblicas, Dios espera que nuestras oraciones sean más confiadas que esa forma de orar. Su Palabra nos dice que la oración de fe a menudo recibe respuesta, en tanto que la oración con la que tanteamos a ver si resulta, no. Pero, para que oremos con fe, debemos saber con certeza si nuestras peticiones son consecuentes con la voluntad de Dios. Cuando oramos y esperamos que él responda solo si resulta que la petición se ajusta a su voluntad, se nos hace difícil orar con fe.

Nosotros confiamos en Dios, por supuesto, pero confiamos muy poco en que nuestra oración vaya a ser respondida. Para tener fe específica en lo que pedimos, tenemos que saber que lo que pedimos se ajusta a los propósitos de Dios.

Esta es una de las áreas en las que es crucial que escuchemos la voz de Dios. Conocemos sus propósitos generales a través de su Palabra; claramente, podemos estar seguros en cuanto a algunas peticiones que buscan el avance de la extensión de su reino. Pero, en las peticiones personales en cuanto a guía, provisión, salud y más, sin mencionar los anhelos profundos de nuestros corazones, siempre tanteamos, a menos que lo hayamos escuchado a él. Él nos invita a preguntarle cuál es su voluntad, y luego, cuando ya lo hemos escuchado, a orar para que se haga su voluntad. Con confianza.

Padre, si tú me dices que mi oración es consecuente con tu voluntad, mantendré mi fe inquebrantable hasta que me llegue tu respuesta. Ayúdame a orar confiadamente de acuerdo a tus deseos y a los míos.

Cada vez que la nube se levantaba del tabernáculo, el pueblo de Israel se ponía

en marcha y la seguía. Pero si la nube no se levantaba, ellos permanecían

donde estaban hasta que la nube se elevaba.

ÉXODO 40:36-37

*T*enemos decisiones que tomar, por lo que pedimos su guía. La esperamos. Le recordamos a Dios sus promesas de dar sabiduría a quienes la buscan. Y cuando se tarda... bueno, muy frecuentemente no le permitimos que se tarde. Suponemos que, si no ha hablado rápidamente, tiene que estar dejándonos a nuestro propio discernimiento para que tomemos la mejor decisión posible. Seguimos adelante y avanzamos, no porque hayamos escuchado su voz, sino porque avanzar parece ser la única opción. Usamos nuestro mejor juicio y confiamos en que se ajuste a su voluntad.

A veces, Dios quiere que avancemos con la sabiduría y el discernimiento que ya tenemos, pero nuestro proceso de toma de decisiones nunca debería reducirse solamente a eso. Tenemos tal prisa de tomar decisiones que actuamos como si cumplir con un plazo fuera más importante que escuchar la guía específica de Dios. Cuando se tarda, él espera a ver si llenamos el vacío buscándolo o usando nuestra propia lógica y sentido de urgencia.

Con demasiada frecuencia, llenamos los vacíos con nuestras propias suposiciones. Tomamos las decisiones antes de haber escuchado las instrucciones de Dios.

Cuando los israelitas seguían a Dios en el desierto, esperaban hasta que la nube se levantara y los guiara. Si la nube no se levantaba, el pueblo tampoco lo hacía. Se quedaban, algunas veces más allá de su nivel de comodidad, hasta que Dios los guiaba. Eso no es nada fácil, pero es un ejercicio esencial de fe y escucha. En las decisiones más significativas, Dios quiere que pidamos y esperemos. Y que esperemos un poco más. Y que esperemos aún más, hasta que lo hayamos escuchado. No se pierde nada de tiempo en este proceso; cuando seguimos la «nube» que guía, Dios nos da un camino directo hacia su voluntad.

Señor, tú diriges mis caminos, a veces
mucho más metódicamente de lo que quiero.
Dame un espíritu paciente; ayúdame a no apresurarme a juzgar;
anula mis suposiciones. Y cuando te haya escuchado,
seguiré confiadamente en el camino.

[Jesús dijo:] «Les dejo un regalo: paz en la mente y en el corazón. Y la paz que

yo doy es un regalo que el mundo no puede dar. Así que no se angustien

ni tengan miedo».

JUAN 14:27

Los cristianos prestan mucha atención a escuchar lo que Dios dice, no obstante, cuando se trata de reconocer el tono de su voz, la atención es mínima. Pero ambas acciones están vinculadas, y casi no seremos capaces de entender lo que el Señor dice si no escuchamos cómo lo dice. En las relaciones humanas, las mismas palabras pueden transmitir significados totalmente distintos si se dicen con ira y no con un sentido del humor, o con menosprecio y no con motivación agradable. Como lo sugirió un comentarista social, el medio es el mensaje. *Cómo* se dice algo frecuentemente llega a ser más significativo que las palabras mismas.

Por lo que, cuando escuchamos la voz de Dios, tenemos que conocer con qué tono de voz nos habla. En otras palabras, tenemos que ser capaces de «ver» la expresión de su rostro. Nos da suficientes pistas para eso en toda su Palabra, y Juan 14:27 es una de ellas. Jesús dijo a sus seguidores que los dejaba con paz en su mente y en su corazón. No quería que estuvieran afligidos o con miedo. Podemos razonablemente concluir, entonces, que su voz no va a producir confusión o ansiedad en nosotros. No va a ser mordaz ni con censura. Él no es un alarmista que nos hace entrar en pánico cuando algo sale mal. Tranquilizará nuestros temores y calmará nuestros espíritus agitados. Sus palabras sonarán como si salieran de la boca del poderoso Salvador que se goza por nosotros con cantos y nos calma con su amor (Sofonías 3:17).

Rehúsese a escuchar a los alarmistas de nuestros días, que instan al pueblo de Dios a entrar en pánico por las elecciones, por los anticristos o por la decadencia social. Si pasamos por pruebas, Dios estará con nosotros en medio de ellas. Si libramos batallas, terminarán en victoria. Él no nos resguardará de los problemas, pero definitivamente nos ayudará a vencerlos. Y él pronunciará paz a nuestros corazones.

Jesús, necesito de tu paz. Dejo a un lado todas las voces falsas, las palabras que me instan al pánico, a la confusión y a la condena. Me encanta el sonido de tu verdadera voz.

No temas, cree solamente.

MARCOS 5:36, RVR60

$\mathcal{P}$arecía la muerte de un sueño. Me había llenado de esperanza por cierta situación, y confiaba en que Dios actuaría de acuerdo a su propósito y a mi deseo. Pero un cambio de circunstancias orientó la situación en la dirección opuesta, y aparentemente trágica. ¿Cómo era posible que eso fuera la voluntad de Dios? ¿Debería renunciar a mis esperanzas? ¿Se suponía todavía que debía creer las cosas que pensaba que Dios había dicho, aunque ahora parecían imposibles?

Al día siguiente, fui a ver una película con mi familia. Mientras la miraba, sufría por dentro, y le suplicaba a Dios que me guiara. En cierto momento, cuando un personaje de la película perdió algo que era valioso para él, escuché en mi espíritu: *Mira lo que va a pasar ahora; esto es para ti.* Y entonces, cuando el artículo perdido de pronto apareció de manera milagrosa, me animé. Más adelante, el mismo personaje enfrentó una situación imposible y, una vez más, mi espíritu oyó las palabras: *Esto es para ti.* En los próximos segundos, otro personaje le dijo: «Solamente cree». Yo sabía que Dios estaba hablándome.

Aunque las películas, o los libros o programas de televisión o cualquier otra forma de entretenimiento, no son inspirados como las Escrituras, pueden contener temas bíblicos o incluso palabras aparentemente fortuitas que Dios aplica a situaciones específicas. Él hace que las palabras y las escenas cobren vida de una manera profundamente personal para el lector o espectador que necesita escucharlo. Y, cuando cuestionamos la fe que alguna vez tuvimos, ya sea en una promesa que Dios dio o en una verdad de su reino, él nos anima a esperar. En nuestros momentos de mayor debilidad, cuando parece que las dudas nos abruman, o parece que las circunstancias desafían nuestra confianza en él, nos dice al oído: «No temas, cree solamente». Si él da el sueño, él hará todo lo necesario para mantenerlo vivo en nuestro corazón, incluso hablar a través de las historias de nuestra vida.

> *Señor, tú eres un Dios de historias.*
> *Escribes historias con la vida de tu pueblo,*
> *les pides que nos enseñen verdades profundas,*
> *y tú nos hablas a través de ellas cuando escuchamos cuidadosamente.*
> *Llena mi vida de historias que impartan tus palabras.*

Pero que pida con fe, sin dudar, porque quien duda es como las olas del mar,

agitadas y llevadas de un lado a otro por el viento.

SANTIAGO 1:6, NVI

*A*lgunas personas piden la sabiduría de Dios sin ninguna seguridad de que puedan recibirla. ¿Cuál es el resultado? Probablemente no la recibirán. Eso se debe a que toda oración genuina debe ir acompañada de fe. De otra manera, cuestionaremos la respuesta hasta que ya no le quede casi nada de energía.

Este patrón de oración es el testimonio desafortunado de muchas personas. Pedimos; escuchamos; luego solo pensamos que escuchamos; más adelante estamos bastante seguros de que solo fue nuestra propia conciencia/pensamientos/deseos; y, finalmente quedamos más confundidos que nunca en cuanto al asunto. Y, en tanto que siempre es importante ser perceptivos, nunca es deseable ser demasiado analíticos. Nuestra mente y corazón pueden disuadir a nuestro espíritu casi de cualquier idea. El resultado es que podemos oír a Dios con frecuencia, pero sentir como si rara vez lo escucháramos. Los vientos y las olas de duda nos agitan y nos llevan de un lado a otro.

Dios es mucho más intencional que eso en cuanto a

comunicarse con nosotros, y está mucho más dispuesto a ser escuchado de lo que pensamos. Él habla por medio de la profunda fuente de su Espíritu a quien ha colocado dentro de nosotros, por medio de la comunión de los creyentes, por medio de señales, mensajes y deseos, y por medio de muchos otros canales. Y, por supuesto, por encima de todo, habla por medio del consejo de su Palabra. ¿Qué más queremos? ¿Una voz que truene desde el cielo? También se lo conoce por hacer eso, aunque es muy raro que lo haga. Él prefiere conversar con nosotros de una manera profundamente relacional, y con seguridad lamenta que, en tanto que tenemos una enorme capacidad para tener una relación con él, constantemente cuestionamos esa relación. Él nos anima a acercarnos, a pedir y a *creer*.

Cuando le pedimos escuchar su voz, tenemos que creer y no dudar. Eso es lo que nos pide que hagamos, no es algo de nuestra propia imaginación. Su Palabra nunca nos anima a analizar demasiado; prácticamente nos suplica que creamos. A las personas que piden con certeza se las bendice con oídos que escuchan.

Señor, te he pedido escuchar tu voz; ahora decido creer. Confiaré en que tú me alejarás del error, y aceptaré lo que creo que me dices. Guíame a la verdad.

DÍA 9

[El Señor dijo:] «¡Oh, si mi pueblo me escuchara! ¡Oh, si Israel

me siguiera y caminara por mis senderos!».

SALMO 81:13

Del corazón de Dios

«Muchas personas piden a gritos oír mi voz, pero en realidad no son oidores. Yo hablo, y ellos desestiman mis palabras, pues las consideran su propia imaginación, coincidencia o experiencia subjetiva. Algunos incluso desestiman la Biblia y consideran que no es mi voz para ellos, porque cuando dije por primera vez esas palabras no se aplicaban específicamente a ellos, o no creen que el contexto sea pertinente para su vida. Se imponen normas más elevadas a sí mismos que imponen a mis profetas, quienes fueron lo suficientemente valientes para actuar de acuerdo a lo que pensaban que habían oído. Los oidores escépticos no pueden convencerse de casi nada de lo que digo, aunque ellos me suplicaron que hablara para empezar. Quieren oír, pero no quieren escuchar.

»La mayoría de personas no se dan cuenta de que, mientras piden a gritos oír mi voz, yo los llamo a que escuchen. No tengo escasez de oidores pasivos en mi reino, pero busco oidores activos. Quiero que tú, como los administradores que se rehúsan a enterrar sus talentos, corras algunos riesgos. Si crees que probablemente me escuchaste, no busques asegurarte. Supón que escuchaste. Si vas tras mi voz y no te has convencido de que escuchaste, ten presente que el camino de la fe es creer que respondí a tu petición, en lugar de creer que no lo hice. Quiero que confíes en mi habilidad para comunicar más que en tu habilidad para ser engañado. Escucha y camina de acuerdo a lo que oíste.

»No tengas miedo. Yo no castigo a los que se atreven a tener fe. Si caes, yo te levantaré y te regresaré al camino correcto. Si cometes un error, yo no te condenaré. Mi gracia es más que generosa para con los que me siguen con valentía y pasión, incluso a riesgo de equivocarse. No oigas solamente con tus oídos. Escucha con tu corazón».

Señor, sé que valoras el discernimiento, pero la confianza la valoras aún más. Tú me animas a caminar por fe, no por vista. Me comprometo a escuchar atentamente; lléname de valentía santa para actuar de acuerdo a lo que te oiga decir.

Ya sea que te desvíes a la derecha o a la izquierda, tus oídos percibirán a tus espaldas una voz que te dirá: «Este es el camino; síguelo».

ISAÍAS 30:21, NVI

*A*nhelamos oír la voz de Dios. Llegamos a una bifurcación en el camino, un momento de crisis, un punto de decisión que requiere que demos un paso en una dirección u otra, porque quedarnos parados ya no es una opción. Le decimos a Dios que, si tan solo nos muestra un camino u otro, de esta manera o de aquella, cara o cruz, lo haremos. Aun así, todavía no estamos seguros. ¿A la derecha o a la izquierda? Simplemente no sabemos.

¿Cuál es el problema? Tal vez el Espíritu que vive dentro de nosotros ya nos lo ha hecho saber, pero nuestra cabeza sigue corroborando si las posibilidades tienen sentido. Tal vez, solo *pensamos* que estamos dispuestos a hacer lo que Dios dice, pero la realidad es que nos acercamos a oír su voz como para recibir un buen consejo por considerar, en lugar de una orden a seguir. O, y a menudo este es el caso, nos la pasamos sencillamente buscando *información*, en tanto que Dios nos llama a sostener con él una *relación* más profunda. La promesa de oír su voz no busca simplemente el propósito de la comunicación; es para la comunión.

Ese es el error que muchos cometemos cuando nos acercamos a Dios para escucharlo. Queremos información, y él quiere una relación. La manera en que nos acercamos reduce nuestra escucha a transacciones de entrada y salida: llegamos, oímos y nos vamos con más conocimiento del que teníamos antes. Pero el deseo de Dios, y la razón de sus demoras y silencios, es atraernos más y más cerca de él. Se reprime a sí mismo lo suficiente para que sigamos buscándolo *a él*, en lugar de que solo busquemos sus palabras. De esa manera se requiere más esfuerzo, pero esa es la naturaleza de las relaciones. Para acercarnos más a él, debemos invertir tiempo, energía e interés. Y Dios se va a retardar en dar una respuesta de ir a la derecha o la izquierda, si eso nos empuja a hacer esa inversión. Búsquelo a él por encima de cualquier cosa, y, con el tiempo, su voz se volverá más clara.

Señor, perdóname por buscarte como proveedor de información, en lugar de buscarte como persona. Acércame no solo para que pueda oír tus palabras, sino para que pueda oír tu corazón.

Toda la Escritura es inspirada por Dios y es útil para enseñarnos lo que es

verdad y para hacernos ver lo que está mal en nuestra vida. Nos corrige

cuando estamos equivocados y nos enseña a hacer lo correcto.

2 TIMOTEO 3:16

Servimos a un Dios que habla bastante. El mundo no puede contener todas las palabras que él ha dicho, pero sí tenemos un registro de muchas de ellas. La Biblia es el relato escrito de sus palabras, la única fuente autoritativa de doctrina y expresión de su voluntad general. En ella, Dios nos dice cómo es él, cuáles son sus propósitos y cómo podemos relacionarnos con él. Dios ha dicho muchas palabras que no se escribieron en las Escrituras; la mención que se hace de profetas que hablaron por él pero que nunca escribieron ninguna de sus palabras es suficiente para convencernos de eso; pero lo que está escrito es confiable. En nuestra búsqueda de su voz, la Biblia es nuestra fuente principal.

Aun así, tenemos que aprender a *interpretar* la Palabra de Dios. En ocasiones, se le cita directamente. En otras, los escritores lo describen o cuentan historias sobre encuentros que la gente tuvo con él. La Biblia siempre dice la verdad al informar lo que las personas dijeron o creyeron, pero no todo lo que dijeron o creyeron es verdad. Por ejemplo, los amigos de Job tenían mucho que decir acerca de Dios y sus caminos, y el libro de Job registra sus argumentos con exactitud. Algo de lo que ellos dijeron era cierto, pero mucho de lo dicho no lo era o erraron al aplicarlo. Se deja que el lector discierna cuándo la persona de la que se habla es confiable y cuándo no lo es. No siempre resulta claro. Debemos pedirle al Espíritu Santo que nos ayude con la interpretación.

Eso significa que, aun cuando leemos la Palabra inspirada de Dios, todavía tenemos que escuchar con atención la voz de Dios. Muchos se sienten atraídos por la «objetividad» de leer la Palabra escrita, pero los siglos de opiniones que difieren e interpretaciones erróneas deberían ser suficientes para convencernos de que nuestra objetividad no es muy objetiva. Necesitamos la ayuda de Dios para oír su voz en su Palabra. Cuando la leemos, debemos abrir nuestros oídos para oír.

Señor, dame entendimiento. Aviva tu Palabra y permite que penetre profundamente en mi corazón.

En estos últimos días, nos ha hablado por medio de su Hijo.

HEBREOS 1:2

El escritor de Hebreos habla mucho de la voz de Dios. A los padres y a los profetas de hace mucho tiempo no se les describe como hacedores de teología, sino como oidores de Dios, y lo hacían de una manera que es pertinente para todos los tiempos. Y está claro a lo largo de la carta a los Hebreos que todos los demás encuentros con Dios apuntan a una expresión definitiva de su voz: Jesús. El Hijo es la imagen perfecta de lo que el Padre dice.

Necesitamos un punto de referencia para interpretar la voz de Dios, un lente por medio del cual decidimos ver todo lo demás. Ese punto de referencia, ese lente, tiene que ser Jesús. Hebreos lo llama «la fiel imagen» de Dios el Padre (1:3, NVI), lo cual significa que, si queremos saber cómo es Dios, simplemente tenemos que ver a Jesús. Eso sugiere ideas distintas a personas distintas, por supuesto. Algunas personas imaginan una expresión severa en su rostro cuando leen sus palabras; otros lo imaginan sonriendo; y otros todavía ven esa mirada inexpresiva tan a menudo representada en las películas. Dependiendo de la cara que cada quien le vea, sus palabras se perciben con implicaciones radicalmente distintas. Pero sabemos cómo respondió Jesús a las personas que se le acercaron y a las que se le opusieron. Sabemos lo que dijo acerca de la oración, lo que les prometió a sus discípulos, lo que les dijo de cómo amaran y sirvieran, qué actitudes quiere que tengamos, y más. La fiel imagen de Dios se nos describe en las páginas de los Evangelios. Dios ha hablado en esa descripción.

Todavía lo hace. El Hijo todavía habla. Él es un Señor vivo que mora con nosotros y en nosotros, de modo que no tenemos necesidad de buscar sus palabras como si él fuera historia antigua. Sin embargo, sus palabras están en los Evangelios, todavía están vivas y activas, y todavía hablan en voz alta. Si queremos oír a Dios, seguramente podemos oírlo en ellos.

Jesús, háblame a través de las páginas de las Escrituras.
Permíteme ver la expresión de tu rostro y oír el tono de tu voz
mientras las leo. Haz que esas palabras cobren vida en mi corazón.

Los que obedecen la palabra de Dios demuestran verdaderamente cuánto

lo aman. Así es como sabemos que vivimos en él. Los que dicen que viven

en Dios deben vivir como Jesús vivió.

1 JUAN 2:5-6

Jesús les hizo a sus seguidores una pregunta penetrante: «¿Por qué siguen llamándome "¡Señor, Señor!" cuando no hacen lo que digo?» (Lucas 6:46). Parece obvio que llamarlo *Señor* requeriría seguirlo como Señor, pero la mayoría de nosotros no somos tan consecuentes. Y, aunque Jesús ciertamente entiende nuestras imperfecciones, hay una diferencia entre quedarse corto y ni siquiera intentarlo. Escuchar la voz de Dios sin hacer lo que él dice es, en el mejor de los casos, negligente y, en el peor, hipócrita.

Juan dijo palabras duras acerca de este proceder tan frecuente. Si alguien afirma conocer a Dios, pero no atiende a las palabras de Dios, él escribe: «es un mentiroso y no vive en la verdad» (1 Juan 2:4). Pero, si nos saturamos de sus palabras, tanto escritas como habladas, y hacemos que nuestra misión ferviente sea vivir-las, demostramos nuestro amor. Esto cultiva la clase de relación en la que la comunicación florece. Cualquier expresión de buena fe en la amistad fortalece la amistad. Y cuando declaramos con nuestras acciones que hemos decidido hacer lo que Dios dice, lo que él dice llega a ser más fácil de escuchar.

Eso no significa que Dios solo quiera decirnos qué hacer. La vida con él no trata solamente de órdenes. De hecho, está lejos de ser eso. Su mayor deseo es contarnos lo que hay en su corazón. Pero no podemos escucharlo selectivamente, como si sus palabras fueran una lista de compras de la cual se pueda elegir. Cuando estamos dispuestos a escuchar las promesas y el ánimo de Dios sin poner atención a sus instrucciones, generalmente no escuchamos nada en absoluto. Pero, cuando aceptamos todo el paquete de lo que nos trae su voz, recibimos todo el paquete. Tendemos a acercarnos a él para oír lo que queremos oír. Él se acerca a nosotros con una propuesta de todo o nada. Para escucharlo, tenemos que hacerlo de acuerdo a sus condiciones.

Señor, lo quiero todo, todo lo que tú digas. Tomaré lo difícil con lo fácil, porque todo procede de ti. Dime tus alegrías, tus secretos y tus órdenes.

DÍA 14

El SEÑOR retumbó desde el cielo; la voz del Altísimo resonó.

SALMO 18:13

*D*avid se hallaba en un aprieto terrible. Sus enemigos lo habían perseguido por años, lo habían rodeado y superado en número en ocasiones, y en otras se había escondido en cuevas y oasis. Como siempre lo hacía en situaciones aparentemente desesperadas, clamó a Dios. Y, como lo describe el Salmo 18, Dios respondió con poder y estilo para lo dramático.

Es la respuesta definitiva a la oración: el hijo de Dios clama y Dios responde con truenos, relámpagos y terremotos. El Dios que rescata entra montado en un carruaje celestial y derrota al enemigo. Con palabras que hacen recordar el Éxodo y la liberación en el mar Rojo, David aplica el poder de Dios a su propia situación que, superficialmente, no era tan dramática. Pero en la guerra tras bambalinas era igual de significativa. David sobrevivió a sus enemigos y llegó a ser rey porque Dios fue a la guerra usando el poder de su voz.

Así es como Dios pelea. Una sola palabra de su boca puede invertir por completo el rumbo de una situación. Las montañas, los mares y todas las fuerzas de la naturaleza están bajo su mando.

Sus ángeles responden decididamente a cada una de sus palabras. Cuando Dios habla, las cosas suceden.

Anhelamos para nosotros semejantes respuestas a la oración. Cuando clamamos por la voz de Dios, no es solo para que él nos guíe, sino también para que él hable a las situaciones de nuestra vida para cambiarlas. Podemos pedirle que dé órdenes y emita decretos que les den forma a nuestras circunstancias, y que convierta nuestros aprietos en oportunidades. Incluso podemos dar voz perceptible a sus promesas y decretos al hablar con sus palabras a los aprietos de nuestra vida. Bajo la autoridad de Dios, toda la creación debe responder a su voz. Cuando nosotros hablamos sus palabras, la creación también debe respondernos. El trueno de la voz de Dios transforma el mundo que nos rodea.

> *Señor, permite que tus palabras resuenen para mí, en mí y a través de mí. Háblale a mi situación. Solo una palabra de ti lo cambia todo, y yo necesito cambio. Entra a mis batallas con el poder de tu palabra.*

DÍA 15

Como el ciervo anhela las corrientes de las aguas,

así te anhelo a ti, oh, Dios. Tengo sed de Dios, del Dios viviente.

¿Cuándo podré ir para estar delante de él?

SALMO 42:1-2

A veces anhelamos que nos rescaten. O que nos sanen. O que no nos falte nada. Y, a veces, simplemente anhelamos a Dios. Reconocemos nuestra necesidad, incluso cuando estamos satisfechos con todo lo mejor que el mundo puede ofrecer. El dinero, las posesiones, el estatus, el reconocimiento, los logros e incluso las relaciones humanas significativas no son suficientes. Prácticamente todas las personas, independientemente de cuán exitosas sean, se han preguntado: «¿Es esto todo lo que hay?» Tenemos necesidades más profundas de las que sabemos satisfacer.

Así que tenemos sed. A veces no podemos identificar de qué tenemos sed, pero sabemos que eso está más allá de nuestras posibilidades. Si tenemos una mentalidad espiritual, nos damos cuenta de que tenemos sed de Dios mismo, y anhelamos a la persona con quien nuestro corazón fue diseñado para relacionarse. Y es más que solamente una conexión lo que deseamos. Es una relación profunda, significativa y duradera que va más allá de la interacción superficial. Necesitamos una comunicación de doble vía, pensamientos y sueños compartidos, un vínculo que no se puede romper. Necesitamos que se nos conozca al nivel más profundo y que se nos acepte allí.

Dios nos diseñó con esta sed por una razón. Es lo que nos acerca más a él. Muchos se rinden en la búsqueda, y piensan que, si Dios no se ha revelado más completamente, no se le puede conocer más completamente. Pero eso no es cierto. Lo oímos al anhelarlo. Su voz resuena dentro de nosotros cuando hemos decidido que él es más importante para nosotros que cualquier otra cosa.

Nunca olvide que la habilidad de oír a Dios no es un asunto de técnica; es un asunto de deseo. Sí, hay maneras de escuchar, actitudes que nos ubican para escuchar, y perspectivas que ponen sus palabras bajo la luz correcta. Pero antes de todo eso está la sed. Si es lo suficientemente fuerte, no dejaremos de escuchar, aunque sea difícil escuchar. Anhelaremos corrientes de agua hasta que las encontremos.

Señor, satisface esta búsqueda. Mi sed insaciable es de ti.
Apágala con corrientes que se derramen de tu sabiduría e inspiración.
Permite que tus palabras cumplan mis deseos más profundos.

Puedes identificar [a los falsos profetas] por su fruto.

MATEO 7:16

Escuchamos muchas voces. Sospechamos que la voz de Dios está en alguna parte en esa mezcla de voces, pero nos cuesta diferenciar las demás. ¿Escuchamos nuestros propios pensamientos? ¿Los engaños del enemigo? ¿Los ecos de las personas que han tratado de ser nuestra conciencia en el pasado? ¿Las voces de tentación? ¿Cómo podemos discernir la voz de Dios en la cacofonía de mensajes alternativos?

Jesús les dijo a sus seguidores que reconocerían a los falsos profetas por sus frutos. El mismo consejo se aplica a las voces falsas de cualquier clase. Claramente, si los mensajes que oímos nos invitan a pecar, sabemos que no son de Dios. Eso es muy fácil. Pero ¿qué hay de los que son aparentemente neutrales moralmente? ¿Qué tal cuando pedimos guía y cada opción podría ser permitida, pero no necesariamente aconsejable? ¿Qué decir de las voces que le hablan a nuestra identidad o a nuestro comportamiento y que pueden sonar como pasajes bíblicos, pero que también pueden ser distorsiones de los mismos? Una clave para el discernimiento es ver el fruto.

Considere el fruto del reino: bondad, paz y alegría en el Espíritu Santo (Romanos 14:17); el fruto del Espíritu: amor, alegría, paz, paciencia, gentileza, bondad, fidelidad, humildad y control propio (Gálatas 5:22-23); y el fruto de una mente redimida: pensamientos acerca de todo lo que es verdadero, todo lo honorable, todo lo justo, todo lo puro, todo lo bello y todo lo admirable (Filipenses 4:8). Si la voz lo guía a usted a producir fruto espiritual, probablemente Dios es quien habla. Si no lo guía a ese fruto, si lleva a temor, culpa, duda, ansiedad, exasperación y a las clases de actitudes que no encajan en el reino, no es Dios. Es una voz de otra fuente, una falsificación que produce mal fruto. Saber la diferencia agudizará nuestro oído y mantendrá nuestro corazón y mente en paz.

Señor, ayúdame a reconocer tus palabras por el ambiente que crean dentro de mí. Tú puedes decir palabras condenadoras, aleccionadoras, pero sé que nunca me oprimirás con culpa, vergüenza, temor, ansiedad o depresión. Lléname de alegría y de paz, levántame e inspírame, y dame descanso con el sonido de tu voz.

Yo confío en que veré la bondad del SEÑOR mientras estoy aquí,

en la tierra de los vivientes.

SALMO 27:13

«Algún día, cuando el Señor regrese...». Estas palabras han salido de la boca de innumerables cristianos cuando la vida en el presente no les va del todo bien. Tendemos a rendirnos al aquí y al ahora y a enfocarnos en el allí y el entonces. Estas palabras tienen el efecto extraño de sonar como un lamento y un consuelo simultáneamente, y a veces no estamos seguros de cuál es. Pero sabemos que significan una falta de satisfacción ahora.

Estas palabras son ciertas, por supuesto, pero nosotros tendemos a enfocarnos en «algún día» más frecuentemente que en las Escrituras. Sí, ellas nos hablan del reino venidero y describen un final glorioso, pero también nos dicen que el reino ya ha venido y que la gloria se puede experimentar ahora. Aquí, David expresa su confianza en que él experimentará la bondad de Dios en la tierra de los vivientes, es decir, en esta era de este reino terrenal. La vida no solo trata de dificultades, independientemente de cuán difíciles puedan ser nuestras circunstancias temporales. Así como las hubo para David, también para nosotros hay bendiciones tangibles por descubrir y recibir ahora mismo.

Gran parte de la iglesia ha dedicado demasiado esfuerzo para combatir el evangelio de la sanidad y la prosperidad, a tal punto que ha presentado un error opuesto: el evangelio del sufrimiento y la pobreza. Lo cierto es que ninguno de los dos panoramas es bíblico. Vivimos en dos reinos simultáneamente, y experimentamos el bien y el mal en ambos. Y, aunque enfrentaremos dificultades en este mundo, y Jesús nos lo aseguró, en ninguna parte se nos dice que *solamente* enfrentaremos dificultades. Podemos llegar a Dios con la expectativa confiada de que veremos su bondad aquí, ahora y para siempre.

> *Señor, estos son los oídos con los que quiero oír,*
> *la actitud que supone que tu bondad se hará ver*
> *en cada situación que enfrente en cada área de mi vida.*
> *Tu bondad no es una teoría; es real, tangible y evidente.*
> *Estoy agradecido por eso y completamente espero verla más.*

DÍA 18

[Jesús dijo:] «Las palabras que yo digo no son mías, sino que mi Padre,

quien vive en mí, hace su obra por medio de mí».

JUAN 14:10

Del corazón de Dios

«Les he dado un ejemplo a seguir. Siendo humano, dije e hice lo que observé del Padre, quien habitaba en mí. Tú también puedes hacer y decir lo que observas del Espíritu Santo, quien habita en ti. Cuando estás en comunión conmigo, las líneas que nos separan comienzan a desvanecerse. Tendrás dificultades para saber dónde terminas tú y dónde comienzo yo, o viceversa. Así son las relaciones íntimas. El vínculo crea una unidad que hace que el distinguir la fuente de pensamientos y deseos sea sumamente difícil, y completamente innecesario. Cuando vives en intimidad conmigo, puedes hablar de muchos pensamientos y deseos como "nuestros", ni tuyos ni míos, sino nuestros. Vivimos y respiramos juntos.

»También te he dado una verdad profunda en esta declaración. Te he mostrado el vínculo inquebrantable que hay entre las palabras y las obras. No son distintas, como si pudieras aceptar las palabras sin ponerlas en práctica. Son dos lados de la misma moneda. Aceptarlas es vivirlas; vivirlas es aceptarlas. Sí, mucha gente ha expresado mis palabras sin aceptarlas verdaderamente, y, como tú sabes, esta hipocresía me enoja y decepciona. Pero sus acciones han demostrado claramente que ellos no entendieron o aceptaron completamente las palabras. Aquellos que verdaderamente creen que soy Señor harán lo que digo, porque mis palabras son importantes para ellos. Les importa mi corazón.

»Permite que la unidad que tengas conmigo sea tu meta. No busques tanto hablar o seguir tus palabras o las mías como buscas seguir nuestras palabras. Mi Espíritu vive en ti. Tu vida no te pertenece. Funcionamos juntos. Yo vivo en ti y hago mi obra en ti, al hablar a través de ti, a ti y para ti. A medida que te acercas a mí, tú y yo llegamos a ser nosotros».

> *Jesús, me encantaría saber cómo escuchaste al Padre*
> *y cómo él hizo su obra en ti. Muéstrame cómo funciona eso.*
> *Llévame a esa clase de unidad.*

Jesús los guio por los escritos de Moisés y de todos los profetas, explicándoles

lo que las Escrituras decían acerca de él mismo.

LUCAS 24:27

Las Escrituras hebreas se habían escudriñado por siglos. Algunas partes de ellas eran más antiguas que otras, pero todas habían sido tema de estudio intenso entre los judíos mucho antes de los tiempos de Jesús. Aun así, de alguna manera, Jesús pudo revelar significados de las Escrituras que se aplicaban a él y que nadie había entendido todavía. Se había aludido, simbolizado, anunciado y predicho al Mesías por cientos de años, pero nadie lo había visto claramente en la Palabra de Dios. El significado claro del texto no había sido tan claro.

Hoy en día, muchos argumentan que el significado de las Escrituras es claro, y en muchos sentidos lo es. El plan de salvación de Dios y su voluntad general para nuestra vida se explican con términos sencillos. Pero, cuando las personas argumentan que todo el significado está en la superficie e instan a otros a dejar de buscar verdades más profundas, niegan los niveles en los que Dios habla. Los intérpretes rabínicos por mucho tiempo han visto por lo menos cuatro acercamientos a la Palabra: (1) el significado superficial, literal; (2) el significado más profundo que frecuentemente se encuentra en alusiones y matices de palabras; (3) el significado metafórico o alegórico que se toma del simbolismo de un pasaje; y (4) la interpretación oculta, subjetiva, mística. Ya sea que cada pasaje esté sujeto a los cuatro enfoques, está abierto a discusión, pero Dios ha demostrado ser capaz de incrustar verdad en niveles múltiples en las Escrituras, razón por la que los comentaristas todavía están descubriendo el significado de ciertas expresiones simbólicas de los textos antiguos. La voz de Dios es capaz de expresar verdades infinitas en una cantidad finita de palabras. Él puede aplicar sus palabras de manera creativa a una variedad de situaciones al mismo tiempo.

Acepte siempre el significado claro de las Escrituras, pero también escuche la voz de Dios entre líneas, debajo de las historias, a través de los símbolos e imágenes y detrás de las palabras impresas. Él comunica más de lo que el ojo puede ver.

Señor, intensifica mis sentidos para escuchar las verdades más profundas, para ver las visiones más grandes y para sentir el peso de tu voz. Que tu Espíritu me explique las Escrituras personal y específicamente.

DÍA 20

Cuando Él, el Espíritu de verdad venga, los guiará a toda la verdad.

JUAN 16:13, NBLA

Quisiéramos poder sentarnos con Jesús cara a cara y comenzar a lanzarle preguntas. Palabras audibles, sin ambigüedades, solo respuestas directas. Sin embargo, cuando Jesús habló con sus discípulos la noche antes de su crucifixión, les aseguró que sería mejor que él se fuera y que su Espíritu llegara a morar en ellos (Juan 16:7). De alguna manera, la relación mística entre sus seguidores y su Espíritu sería mejor que la relación manifiesta que ya tenían con él. Estarían mejor equipados para oír y manejar la verdad.

Nos es difícil imaginar que una voz inaudible sería una mejor guía para nosotros que palabras audibles directamente de la boca del Salvador, pero eso es lo que Jesús dijo. El Espíritu es maestro, consejero, comunicador. Él no solo comparte información con nosotros, sino que también nos guía a la verdad, la realidad en la que podemos fundamentar toda nuestra vida. Cuando conocemos su verdad, ya sea que la entendamos o no, tomar las decisiones correctas llega a ser mucho menos complicado. Y, cuando no conocemos su verdad para una situación específica, podemos confiar en que él nos guiará a ella.

Nuestra experiencia principal con la Deidad en esta época es con el Espíritu Santo. Esa es la relación que debemos cultivar. Cualquier experiencia directa con Dios, ya sea de percibir su presencia o escuchar su voz, llega a través del Espíritu. Mientras más desarrollemos esa relación, al ser sensibles a las maneras en las que él se moviliza y a los pensamientos con los que nos llena, seremos más capaces de escuchar las palabras de Dios en cualquier situación. Es un proceso de largo plazo, no una transacción de corto plazo. Cuando estar llenos del Espíritu continuamente llega a ser nuestra mayor búsqueda, escuchar la voz de Dios llega a ser una experiencia regular.

Espíritu Santo, lléname de tus pensamientos,
familiarízame con tus caminos, satúrame de tu presencia.
Ayúdame a escuchar tu voz, a medida que me inspiras
momento a momento.

DÍA 21

Desde la nube, una voz dijo: «Este es mi Hijo, mi Elegido. Escúchenlo a él».

LUCAS 9:35

*J*esús y tres de sus discípulos subieron a la cima de una montaña a orar. Mientras Jesús oraba, su apariencia cambió, Moisés y Elías aparecieron, una nube descendió y Dios habló. Él señaló a Jesús como el único a quien debemos escuchar. Los resplandecientes representantes de la ley y los profetas se retiraron de la escena. El Hijo se quedó solo.

Jesús es la voz de Dios más clara y más directa en las Escrituras. No quiere decir que la ley de Moisés o las declaraciones proféticas no fueran también de Dios, pero no fueron la revelación final. No fueron las palabras que llegarían a ser la base del reino. Fueron instrucciones, advertencias y vistazos del corazón de Dios, pero no fueron expresiones completas de la voluntad divina. Las palabras de Jesús fueron, de alguna manera, cualitativamente distintas. No llegaron por medio del filtro de la boca o la pluma de un ser humano pecador, sino directamente de la boca del Dios encarnado. Tenemos que seguir las instrucciones de la voz del cielo: escúchenlo a él.

«Escuchar» en las Escrituras no significa solo comprender.

Significa aceptar o poner atención. Implica no solo que oímos lo que se dice, sino también que lo vivimos. Así como cuando un adulto mayor amonesta a un niño: «escucha a tus padres», la meta no es simplemente escuchar. Es tomar el mensaje en serio y hacer algo al respecto. Son demasiado pocos los cristianos que *escuchan* diligentemente las palabras de Jesús que registran las Escrituras. Las admiramos y las honramos, pero frecuentemente no nos entusiasma seguirlas. Eso tiene que cambiar.

No busque la voz de Dios para que lo guíe personalmente si no busca la voz de Dios en Jesús. Cuando él dice: «ama a tu prójimo como a ti mismo», por ejemplo, en realidad habla en serio. Dios no espera que usted llegue a ser un cristiano fariseo legalista, sino que espera que acepte su corazón tal como él nos lo ha revelado en lo que Jesús dijo. De cualquier manera posible, debemos escucharlo.

> *Jesús, quiero que tus palabras tengan autoridad completa en mi vida.*
> *Permite que penetren profundamente en mi corazón.*
> *Permite que lleguen a ser parte de lo que soy.*

DÍA 22

[Jesús dijo:] «Los que el Padre me ha dado vendrán a mí,

y jamás los rechazaré».

JUAN 6:37

A Juan Bunyan lo atormentaba la culpa. En ocasiones lo consolaba el hecho de que el apóstol Pedro había sido perdonado por negar a Cristo. En otras oportunidades se sentía consternado por el hecho de que Esaú había sido rechazado incluso después de haber vuelto al Señor y de haberlo buscado. ¿Era Bunyan un Pedro o un Esaú? ¿Una nueva creación o un pecador blasfemo? El tormento continuó hasta que la certeza de las palabras de Jesús penetró en su corazón: *Él nunca rechazará a aquellos que vengan a él.*

Antes de su conversión, Bunyan entendía las palabras de Dios simplemente como palabras. Las Escrituras eran un libro de información teológica. Pero después de su conversión, la Biblia cobró vida para él. La voz de Dios estaba en ella. Leía las Escrituras con un entusiasmo renovado, sus palabras ahora eran las llaves del reino, que hacían resplandecer la verdad y el amor de Dios en él con una claridad maravillosa. La Biblia no había cambiado, pero la relación de Bunyan con el Autor definitivamente sí había cambiado. Lo que alguna vez había sido un libro religioso obsoleto y condenador llegó a ser una fuente de vida y plenitud.

Muchas personas leen la Biblia sin siquiera escuchar la voz de Dios en ella. Otras la leen con una convicción profunda de que están recibiendo las palabras de Dios directamente de su boca. ¿Cuál es la diferencia? La relación. Cuando conocemos al Padre, comenzamos a verlo claramente en su Palabra, así como en nuestras circunstancias, en la guía de nuestra vida y en las personas que nos rodean. Lo que alguna vez parecía confuso y sin vida, ahora rebosa de bondad y bendición. La voz de Dios llega a ser clara para quienes lo conocen, y mientras mejor lo conozcamos a él, más fuerte crece nuestra opinión de ella. Cuando consideramos la Biblia, quizás no entendamos quién es Jesús. Pero cuando consideramos a Jesús, entendemos todo lo que su Palabra nos dice.

Jesús, dame el regalo de ver tu Palabra con ojos nuevos,
como si la leyera por primera vez cada día.
Haz que mi visión cobre vida con nuevo entendimiento
cada vez que mire la verdad de tu Palabra.

DÍA 23

—¡Abraham! —lo llamó Dios.

—Sí —respondió él—, aquí estoy.

GÉNESIS 22:1

La esperanza de Abraham en la promesa de Dios dio un giro sorprendente y terrible un día, cuando Dios le dijo que llevara a Isaac, el hijo prometido, a una montaña y que lo sacrificara. Dios reveló este plan solo después de haber llamado a Abraham por su nombre y de escuchar su respuesta: «aquí estoy». Esta es una expresión sencilla, que se usa solo unas cuantas veces en las Escrituras. Cuando se usa en una conversación con Dios, es una respuesta obediente que siempre parece tener consecuencias monumentales.

Jacob usó esta frase dos veces: una vez cuando un ángel le habló en un sueño, lo cual llevó a su regreso a su tierra natal y a que se le cambiara su nombre a Israel; y la otra vez cuando se reencontró con José en Egipto, lo cual llevó a los cuatrocientos años que pasó Israel en ese país. Moisés la usó cuando estaba frente a la zarza que ardía, lo cual llevó a la liberación de Israel de Egipto. Samuel respondió al llamado de Dios con esa frase y se convirtió en el profeta sacerdotal que ungiría a los primeros dos reyes de Israel. Uno de esos reyes, David, escribió un versículo mesiánico que incluye esta frase y declara que quien habla es «aquel» de quien se escribe en el rollo. El escritor de Hebreos atribuye esta frase proféticamente a Jesús, el Mesías que salvó a la humanidad. E Isaías la dijo cuando se encontró con la gloria de Dios y oyó al Señor preguntar: «¿Quién irá por nosotros?». En cada caso, acontecimientos históricos importantes giraron alrededor de la respuesta de «aquí estoy».

¿Cómo cambiaría su vida si usted le dijera a Dios: «aquí estoy»? No puede saberlo con seguridad a menos que lo haga, pero no lo lamentaría. Podría requerir que dejara a un lado un sueño o destino al que por mucho tiempo se ha aferrado, pero el costo empalidece en comparación con la bendición. El mismo Dios dijo esta frase una vez, al hablar de que nuestra salvación y sanidad llegarán con rapidez como el amanecer: «Cuando ustedes llamen, el Señor les responderá. "Sí, aquí estoy", les contestará enseguida» (Isaías 58:89). Cuando nos ponemos completamente a la disposición de Dios, él se pone completamente a nuestra disposición.

> *Señor, me presento a ti como un sacrificio vivo,*
> *ya sea que la historia dependa de mi compromiso o no.*
> *Te hago este ofrecimiento: me dejaré movilizar*
> *y activar por tu voz. Aquí estoy.*

DÍA 24

En ese tiempo, el diablo se le acercó [a Jesús] y le dijo:

«Si eres el Hijo de Dios...».

MATEO 4:3

*U*na voz del cielo proclamó: «Este es mi Hijo muy amado». Pero ninguna palabra de Dios queda sin recibir oposición, por lo que el propio Espíritu de Dios guio inmediatamente a Jesús al desierto, donde sería tentado por Satanás. Frecuentemente vemos este encuentro como una tentación triple, acerca de convertir piedras en pan, saltar desde el templo y ganarse los reinos del mundo a través de la adoración falsa. Pero, antes de la primera insinuación insidiosa de Satanás, una tentación aún más grande llegó: «Si eres el Hijo de Dios...». Fue un golpe calculado en contra de la identidad que se acababa de declarar. Dios dijo que Jesús era su Hijo; el adversario respondió: «¿En serio?»

Esa es una imagen alarmantemente exacta de las tentaciones más grandes que alguna vez enfrentaremos. Nos puede preocupar la avaricia, la lujuria, el orgullo o cualquier otra tentación, pero nos daremos cuenta de que el enemigo de nuestra alma tiene dos armas muy sutiles que son aún más efectivas: (1) él desvirtúa la identidad que ya se nos ha dado en Cristo; y (2) cuestiona cualquier cosa que Dios nos haya dicho, desafiándonos a creerla realmente.

Por eso es que, cada vez que aprendemos una gran verdad espiritual nueva, pronto podríamos encontrarnos en un desierto de contradicción que nos grita cuán falsa en realidad es esa verdad. ¿Sabía usted que está sentado con Cristo en los lugares celestiales (Efesios 2:6)? Las circunstancias pueden tratar de convencerlo de que está desesperadamente atado a la tierra. ¿Ha leído que usted tiene autoridad sobre el poder del enemigo (Lucas 10:19)? Parece que la vida se ríe de su impotencia. Su respuesta debe ser como la de Jesús: Aferrarse firmemente a lo que Dios ha dicho. Su voz es verdadera. La fe lo demostrará, con el tiempo. Su identidad como su hijo real será confirmada, y también todas sus promesas. En la intensidad de la batalla, nunca se olvide de eso.

> *Señor, las tentaciones son intensas. Sé lo que tú dijiste, pero veo tantas contradicciones. Dame la fortaleza y la tenacidad para mantenerme firme. Yo soy quien tú dices que soy, y tú harás lo que tú dijiste que harías.*

Gedeón le dijo a Dios: «Si de veras vas a usarme para rescatar a Israel

como lo prometiste, demuéstralo de la siguiente manera: esta noche pondré

una lana de oveja en el suelo del campo de trillar; si por la mañana la lana

está mojada con el rocío, pero el suelo está seco, entonces sabré que me ayudarás

a rescatar a Israel como lo prometiste».

JUECES 6:36-37

Gedeón ya había pedido una señal para asegurarse de que Dios le hablaba a él (Jueces 6:17). Aquí, pide otra señal para ver si la promesa de Dios es cierta. Y cuando Dios le concede esa petición, Gedeón le pide otra vez una señal para asegurarse de que la última había sido acertada. Su insistencia puede parecernos incrédula, y quizás lo fue. Pero Dios fue paciente con él y le dio las garantías que él pidió. Las peticiones repetidas de Gedeón no fueron lo ideal, pero tampoco fueron pecaminosas. Cuando Dios llama a las personas para un trabajo grande, él se asegura de que entiendan el mensaje.

A veces vacilamos en pedirle a Dios múltiples confirmaciones, pero luego cuestionamos las dos o tres que ya hemos recibido. Podemos menospreciar a las personas que piden señales, pero luego procedemos con la misma insistencia con que Gedeón lo habría hecho sin ellas. Tenemos que recordar que Dios es paciente con nuestros intentos de escuchar su voz y seguirlo, y él entiende nuestras inseguridades. Probablemente no quiere que sigamos preguntando después de muchas confirmaciones, eso sería un indicio de incredulidad, pero nos dará la suficiente claridad para que afirmemos nuestra fe en lo que ha dicho. Él quiere que tengamos confianza en sus palabras.

No tenga miedo de pedirle a Dios algo concreto que confirme sus palabras. No dependa de confirmaciones externas; él no permitirá que se le acorrale y se le obligue a demostrar quién es. Pero concédale la oportunidad de que él lo tranquilice a usted. Y cuando lo haga, crea en él. Él quiere que usted confíe en la guía que le ha dado.

Señor, yo sé que caminamos por fe y no por vista. Pero a veces necesito la seguridad de que mi fe se dirige en la dirección correcta. Sé paciente conmigo. Dame señales, y dame fe para creer en ellas.

Está siempre luchando en oración por ustedes.

Colosenses 4:12, nvi

*U*na amiga festejaba en una cena cuando de repente sintió el impulso de orar por su esposo. Él estaba lejos, en un viaje de negocios en Alemania, y, aunque no había temor en su impulso de orar, ella percibió que él necesitaba el apoyo del Espíritu Santo. Por lo que pidió disculpas para levantarse de la mesa e intercedió por él hasta que se sintió tranquila.

Cuando habló con su esposo más tarde, entendió por qué el Espíritu la había impulsado a orar. En ese momento, su esposo y sus compañeros de viaje habían estado con un grupo de hombres de negocios, que los presionaban para que visitaran la infame zona roja de la ciudad para una noche de entretenimiento. Ellos se resistían firmemente, pero los empresarios insistían obstinadamente. Finalmente, el rechazo de los visitantes superó la insistencia de los anfitriones, y abandonaron los planes. El Espíritu había provisto fortaleza en un tiempo de necesidad.

Frecuentemente, Dios nos hace sentir la necesidad urgente de interceder por personas que están en peligro o aflicción. Algunas personas que son sensibles al Espíritu Santo se despiertan en plena noche con una repentina necesidad de orar por un misionero o pariente que está al otro lado del mundo, y después se enteran de qué trataba esa necesidad urgente. Independientemente de por qué estas oraciones son necesarias para que Dios cumpla su voluntad, aparentemente son efectivas. Muchas crisis, tentaciones y amenazas malvadas se han evitado en el momento preciso cuando alguien oró sin saber exactamente por qué.

No se resista a los impulsos repentinos de orar por alguien. Si esos impulsos son motivados por el miedo o el pánico, casi seguramente no son impulsos del Espíritu Santo; pero, si son motivados por una percepción de necesidad intensa, casi seguramente lo son. Aquellas personas que son sensibles a esas cargas serán llamadas a interceder en momentos cruciales. Y sus oraciones estratégicas tendrán una gran influencia en el reino, incluso al otro lado del mundo.

Espíritu Santo, me encantaría ser un intercesor confiable en momentos de necesidad. Sensibilízame a los impulsos y cargas que tú das. No necesito entender por qué; solo necesito saber cuándo tú quieres que ore, y responderé con fervor.

DÍA 27

Jesús contestó: «Todos los que me aman harán lo que yo diga.

Mi Padre los amará, y vendremos para vivir con cada uno de ellos».

JUAN 14:23

Del corazón de Dios

«¿Cómo te sentirías si tuvieras un amigo que escuchó tu consejo, pero realmente nunca lo siguió? ¿Cómo te sentirías si desatendieran o desestimaran casualmente tus palabras más sinceras? ¿Lo tomarías a título personal? La mayoría de personas lo harían, y es comprensible. Tus pensamientos y sentimientos se expresan con palabras, y, cuando tus palabras se ignoran, duele. Representan lo que eres. Y, cuando alguien las toma lo suficientemente en serio para actuar de acuerdo a ellas, te sientes valorado.

»Muchas personas dicen que me aman, pero no demuestran que me valoran cumpliendo mis palabras. Es posible hacer lo que digo sin amarme, pero no es posible amarme sin hacer lo que digo. Las que hacen caso omiso de mis palabras en realidad no las valoran ni entienden mi corazón. Las que quieren conocerme y amarme por lo que soy también aceptarán totalmente lo que digo. Tu respuesta a mis palabras es una imagen reveladora de lo que piensas y cómo te sientes en cuanto a mí.

»Mi corazón se emociona cuando aceptas mis palabras. El Padre y yo te amamos todo el tiempo, independientemente de cómo nos respondas, pero nuestro amor por ti se llena de alegría cuando tú nos honras, quieres llegar a ser como nosotros y estás dispuesto a hacer lo que nosotros decimos. He establecido una relación contigo no solo para que puedas conocer mi amor, sino también para que yo pueda conocer el tuyo. La esencia de mis instrucciones es importante, quiero que sigas mis palabras, pero es mucho menos importante que el amor que tu respuesta revela. Estoy mucho más interesado en tu corazón que en tu obediencia. Pero muéstrame tu corazón con lo que haces».

Jesús, perdóname por suponer que puedo amarte
con mi actitud sin amarte con mis acciones.
Me encanta esta promesa, que tú y el Padre vendrán
y harán su hogar conmigo. Por favor, hazlo.
Quiero que te sientas a gusto en mi corazón.

DÍA 28

Dios sabe cuánto [yo, Pablo,] los amo y los extraño

con la tierna compasión de Cristo Jesús.

FILIPENSES 1:8

Sentí una ola abrumadora de compasión por la mujer que acababa de conocer, y no sabía por qué. No sabía su historia, nada de sus necesidades, experiencias, problemas o relaciones. Su expresión quizás revelaba sutilmente algo de desánimo, pero no había un indicio impactante de que tuviera necesidad de lástima. Simplemente sentí compasión. Y tuve un impulso casi irresistible de actuar con base en ello.

A veces percibimos las emociones de Dios por alguien más. Cuando no podemos determinar por qué nos sentimos animados, amorosos, preocupados, alegres o cualquier otra cosa que pueda venir del corazón de Dios, podríamos estar detectando lo que en realidad hay en su corazón por esa persona. Una sensación inexplicable de enojo, condena o juicio puede venir de una fuente totalmente distinta, pero la compasión de Dios fluye a través de su pueblo hacia los demás. ¿Para qué? Para que actuemos de acuerdo a esos impulsos y demostremos su compasión. Él quiere que representemos su bondad ante el mundo; de ahí que los cambios repentinos en las emociones o actitudes pueden ser un empujón divino para mostrar lo que hay en su corazón.

No suponga que todos los sentimientos simplemente son suyos. Si usted es un recipiente de la presencia del Espíritu, tiene sentido que él lo impulse a través de sus deseos y actitudes. Él es un Espíritu misionero que ministra, que quiere atraer a las personas al Padre por medio del Hijo y llenar a su pueblo de su bondad. Cualquier deseo de bendecir probablemente proviene de la influencia del Espíritu de Dios en su corazón. Puede estar allí simplemente para su conocimiento, pero más frecuentemente está allí para moverlo hacia alguna clase de expresión o acción. La compasión tierna de Cristo, así como su ánimo, su favor, su perdón y más, se hace manifiesta en su pueblo.

Jesús, anhelo ser una expresión de tu corazón para la gente.
Ayúdame a reconocer el mover de tu Espíritu dentro de mí,
su oleaje, sus impulsos y sus actitudes, y dame las oportunidades
de reaccionar a ellos. Que tu corazón se haga manifiesto en mí.

[Rebeca] consultó al SEÑOR:

—¿Por qué me pasa esto? —preguntó.

Y el SEÑOR le dijo.

GÉNESIS 25:22-23

Rebeca tenía preguntas para Dios. También Job, quien no entendía lo que Dios hacía en su vida. También Habacuc, cuya profecía comienza con una serie de preguntas que suenan un poco acusadoras en cuanto a la justicia de Dios. Muchas otras personas en las Escrituras, y a lo largo de la historia, han sido lo suficientemente audaces como para llevar ante Dios sus preguntas más incisivas, en espera de una respuesta. A veces obtuvieron respuestas, a veces no, y algunas veces recibieron corrección por sus actitudes. Pero Dios nunca los reprendió simplemente porque preguntaran.

Si queremos oír a Dios, tenemos que hacerle preguntas. La mayoría de nosotros lo hacemos de manera indirecta, a veces tentativamente, esperando guía y dirección, y a veces con indicios de queja, preguntándonos por qué él no hace lo que queremos que haga. Pero hacerle preguntas específicas a Dios con la expectativa de que nos responda es un acto de fe. Podemos preguntarle cuáles son sus deseos, cómo nos ve él, cómo ve a los demás, cómo se siente en cuanto a una situación o a un problema que enfrentamos, cómo quiere que se desarrolle la relación entre él y nosotros, de qué otra manera quiere que veamos las cosas, qué quiere enseñarnos y mucho, mucho más. Estas preguntas pueden incluir guía y peticiones específicas, pero van mucho más allá de esos intereses y profundizan en el corazón de la relación. Y Dios nos invita a tener esa clase de conversación. Él quiere que lo conozcamos. Las preguntas que abran nuestro corazón para que él comparta acerca de sí mismo siempre son bienvenidas.

Cuando le preguntamos con una actitud de fe y anticipación, comenzamos a ver y a oír cosas que no habíamos observado antes. Momentos divinos de instrucción, momentos de «¡ajá!» que revelan su naturaleza, llegan mucho más a menudo. Comenzamos a sentir los latidos del corazón de Dios y nos sincronizamos con él. Llegamos a ser no solamente oidores de la voz de Dios, sino también conversadores con el mismo Dios.

Señor, ¿qué hay en tu corazón hoy? ¿Qué quieres enseñarme?
Mis ojos y oídos están abiertos. Por favor,
comparte tu corazón conmigo.

Yo soy el SEÑOR que te sacó de Ur de los caldeos

para darte esta tierra como posesión.

GÉNESIS 15:7

El negocio del hombre iba bien, incluso crecía, y el futuro parecía brillante. Pero un día escuchó que Dios le dijo que hiciera una venta de liquidación y que cerrara el negocio. Superficialmente, parecía un mal consejo, y su esposa también pensaba lo mismo. Seguramente eso no podía ser la voluntad de Dios. Tal vez el hombre había escuchado mal. Pero Dios no da consejos malos, y a veces su voz no puede descartarse tan fácilmente como una mala interpretación. Esa palabra era clara. Por lo que el hombre cerró el negocio y, en el doloroso tiempo que siguió, se quedó sin trabajo por un año.

¿Qué salió mal? ¿Lo había guiado mal Dios? No, después de un año de dudar de Dios, vio cómo el Señor comenzó a proveerle nuevas oportunidades. El cambio de profesión terminó siendo una de las mejores experiencias que alguna vez le hubiera ocurrido a esa pareja. Han prosperado desde entonces. Pero no resultó fácil al principio. Seguir a Dios rara vez lo es. Se requiere de tiempo para ver los frutos de la obediencia.

Este es un tema común en las Escrituras. Dios llamó a Abraham para que dejara su hogar y se fuera a una tierra que él le mostraría más adelante. Abraham tuvo suficientes oportunidades para dudar de su decisión de obedecer, incluso a su esposa la capturaron en cierto momento, pero Dios, con el tiempo, vindicó su fe. Muchas otras personas de la Biblia fueron guiadas en direcciones aparentemente absurdas, sin embargo, obedecer siempre demostró ser la acción correcta. Así es la vida cuando usted cree que Dios habla. Él guía de maneras que, superficialmente, no siempre tienen sentido.

Pero sus caminos sí tienen sentido y, con el tiempo, seremos capaces de ver de qué manera. Oír y responder a su voz es una posibilidad real. Otros pueden cuestionar nuestra percepción auditiva, pero sus voces no son las que seguimos. Seguimos a Dios a cualquier tierra que él nos muestre.

> *Señor, si tú me hablas claramente,*
> *iré en cualquier dirección que me indiques, independientemente*
> *de lo que otras personas piensen de eso, o cuánto sentido*
> *tenga para mí en ese momento. Mis pasos te pertenecen.*

Confía en el SEÑOR con todo tu corazón;

no dependas de tu propio entendimiento.

PROVERBIOS 3:5

Algunas personas sugieren que muchos cristianos pasan demasiado tiempo tratando de discernir la «voluntad perfecta» de Dios, en lugar de simplemente seguir el corazón y la sabiduría que Dios les dio. La suposición detrás de esta sugerencia es que Dios no tiene un propósito determinado para nosotros, sino que permite un rango de opciones. Y, si una gran compra o un traslado geográfico, o si una pareja matrimonial nos parece bien, ¿por qué no sentir la libertad de dar un paso importante sin oír lo que Dios tiene que decir al respecto?

Hay un elemento de verdad en este argumento, Dios sí pone deseos y sabiduría en nuestro corazón, pero no suficiente verdad para hacer que ese sea el patrón que prevalezca en nuestra vida. Especialmente en las decisiones importantes, a Dios le encanta hablarnos y guiarnos. De hecho, Proverbios nos insta a abandonar nuestro propio entendimiento mientras buscamos la guía de Dios. ¿Por qué? Porque la voluntad de Dios frecuentemente va en vía contraria al proceso de nuestro pensamiento.

Desde un punto de vista humano, él guio a Abraham, a José, a Moisés, a Josué, a los profetas y a muchos otros en direcciones absolutamente absurdas. ¿Por qué, entonces, abandonaríamos nuestros intentos de oír su voz y darle importancia a su guía en nuestra mente? Esa es la solución de una generación que no tiene la paciencia o el anhelo de insistir y esperar a que Dios hable, sin importar cuánto tiempo tarde o cuánto más profundo nos llame a su presencia. Ese es el consejo de un espíritu impaciente que no cree que Dios hable muy frecuentemente. Y no es muy bíblico.

Las Escrituras abundan en ejemplos de la guía específica de la voz de Dios, y presentan la posibilidad de escucharlo no como una excepción poco común, sino como un estilo de vida normal. Tenemos una capacidad tremenda para tomar decisiones equivocadas y, cuando vemos por el retrovisor, frecuentemente quisiéramos haber tenido una guía más clara. Si somos pacientes y persistentes en buscar la guía de Dios, esa guía llegará.

> *Señor, no quiero simplemente hacer lo que parezca correcto.*
> *Mi comprensión es limitada, pero tú sabes qué es lo mejor.*
> *Quiero escucharte clara y específicamente.*

Dios hace su llamado por medio de nosotros.

Hablamos en nombre de Cristo cuando les rogamos: «¡Vuelvan a Dios!».

2 CORINTIOS 5:20

*J*esús es la Palabra de Dios, el *logos* que está detrás de toda la creación, y la Palabra escrita es su revelación. Entonces, ¿por qué nos necesitaría Dios para ser sus portavoces? Porque él es un Dios infinito, y necesita un número infinito de historias si quiere demostrar las muchas facetas de su naturaleza. Esa es una de las razones por las que creó a millardos de portadores de su imagen. Todos tenemos el potencial de representar de manera única algo acerca de Dios que otros no pueden. Él se revela a través de una multitud de historias, y cada una de las nuestras es una de ellas.

Por lo que apelamos como si fuéramos la voz de Cristo, y les suplicamos a las personas que se reconcilien con Dios. No solo les decimos el mensaje de Dios; lo encarnamos. Somos testimonios vivos de lo que Cristo ha hecho, ejemplos de su habilidad de resucitar, sanar, redimir, restaurar, llamar y equipar. Somos historias de su provisión, protección, consuelo, guía y promesas. Enseñamos, predicamos y vivimos sus palabras. Somos una enorme multitud de vasijas que llevamos su presencia y su voz a cada rincón de este mundo.

¿Suena eso demasiado ambicioso o presuntuoso? Independientemente de cómo suene, es cierto. Dios ha dejado claro que su gloria cubrirá la tierra, y no hace casi nada en la tierra que no involucre a su pueblo. Cuando su gloria cubra la tierra, en gran parte será a través de nosotros. Cuando él habla, casi siempre ha sido a través de una voz profética, o de un testimonio o de un registro escrito de sus caminos, todo inspirado por su Espíritu, pero manifestado a través de un agente humano. Tenemos que recordar nuestro papel sagrado. No solo oímos y recibimos la voz de Dios; se nos llama a expresarla dondequiera que podamos.

> *Señor, mi historia ni siquiera parece*
> *muy dramática o impresionante. Aun así, sé que tu mano*
> *ha estado profundamente involucrada al escribirla. Por lo tanto,*
> *revela algo de ti. Que nunca sea culpable*
> *de esconder o minimizar tu gloria en mi historia.*
> *Te comparto bien al compartir lo que yo soy.*

Ustedes [...] son un pueblo elegido.

Son sacerdotes del Rey, una nación santa, posesión exclusiva de Dios.

1 PEDRO 2:9

$\mathcal{E}$sta declaración de Pedro es verdadera o (hasta donde sabemos) potencialmente verdadera acerca de todas las personas que conocemos. Hasta el criminal más endurecido o sicópata perverso es candidato a convertirse en un sacerdote escogido, real, e hijo de Dios. Pero, al tratar de compartir la Palabra de Dios, muchos cristianos se enfocan en el pecado que hay en la vida de las personas. Algunos tenemos la tendencia a señalar dónde las personas se quedan cortas con respecto a los estándares de Dios. No nos enfocamos en su potencial dentro del reino de Dios; nos enfocamos en su experiencia fuera de él.

Esa no es la voz de Dios. Es cierto que el Espíritu convence de pecado, pero rara vez nos necesita para que lo ayudemos con eso. No se nos llama a señalar las faltas los unos de los otros. No. Cuando Dios habla a través de nosotros a otros miembros o miembros potenciales de su cuerpo, su voz no es condenadora. Está llena de esperanza. Debemos ver el tesoro que él ha puesto en otras personas y ayudar a que se manifieste. Si le preguntamos a Dios cómo ve él a la gente que nos rodea, nos mostrará su amor por ella y cómo va a ser su vida en Cristo. Él señalará sus dones o su productividad en el reino. No revela lo que no nos corresponde saber. Nos insta a bendecir el bien que él cultiva en las demás personas.

Pablo les explicó a los corintios que el ministerio profético entre los creyentes es para fortalecer, animar y consolar (1 Corintios 14:3). Si usted es sensible al Espíritu, esto es lo que va a escuchar: palabras que edifican y traen esperanza. Pregúntele a Dios qué hay en su corazón que quiera compartir con las otras personas, y él le dará vistazos del tesoro que él ha colocado dentro de ellas. Y usted será capaz de afirmar lo que él quiere hacer en la vida de ellas.

> *Señor, dame palabras llenas de esperanza.*
> *Muéstrame el tesoro que hay en tu pueblo. Permíteme verlo*
> *con ojos espirituales y bendecir lo que haces en su vida.*

Les digo la verdad, el Hijo no puede hacer nada por su propia cuenta;

solo hace lo que ve que el Padre hace. Todo lo que hace el Padre,

también lo hace el Hijo.

JUAN 5:19

*A*lgunas personas ven a Jesús como la excepción. Otras lo ven como su ejemplo. Aunque es cierto que él es bastante excepcional, vino a nosotros como ser humano a enseñarnos cómo debemos vivir y relacionarnos con el Padre. Filipenses 2:6-7 dice que Jesús renunció a los privilegios de la deidad para vivir entre nosotros, lo cual quiere decir que él nos muestra lo que es posible para nosotros si vivimos en perfecta obediencia al Espíritu de Dios. Entonces, si el Hijo no puede hacer nada por sí solo, sino que solo hace lo que ve que el Padre hace, ¿qué dice eso de nosotros? Nosotros tampoco tenemos que hacer nada independientemente de él, sino que debemos seguir la guía del Padre. Debemos escucharlo y responder a su voz como una forma de vida.

¿Cómo podemos ver lo que el Padre hace? Tenemos que aprender a observar lo que él hace, dónde actúa y cuándo prepara una situación para su gloria. Eso podría sonar difícil, pero, en realidad, no lo es si le pedimos que agudice nuestros sentidos espirituales a su actividad. Él nos alertará de su presencia, su obra y sus palabras a medida que decidimos ver y oír conscientemente. Cada vez que preguntemos: «Señor, ¿dónde estás en esta situación? ¿Qué planificas?», él responderá hablándonos en lo profundo de nuestro corazón, o permitiendo que sus movimientos claramente. Debido a que quiere que vivamos estando constantemente conscientes de él, él hará que esa conciencia continua sea una posibilidad real.

Conviértase en un *observador*. Pregúntele al Padre sus planes. Observe dónde está actuando. Póngase en línea con su actividad y haga lo que vea que él hace. Escuchar su voz no es tan difícil cuando estamos conscientes de su actividad y somos sus colaboradores al participar en ella.

Señor, la imitación puede ser la forma más sincera de adulación, pero también es la forma más sincera de adoración que puedo ofrecerte. Agudiza mis sentidos espirituales para reconocer tus huellas dondequiera que vayas y pueda hacer lo que tú haces.

DÍA 35

Pídele al SEÑOR tu Dios una señal de confirmación.

ISAÍAS 7:11

*H*abía estado orando por una situación que repentinamente empeoró. Estaba confundido y más que un poco afligido. ¿Por qué Dios no respondía mis oraciones? ¿Por qué permitiría que surgiera este problema? ¿No le importaba la situación? Entré a mi automóvil para conducir a casa y lo cuestioné, incluso discutiendo con él, sobre la injusticia de la situación. Y cuando llegué al garaje y me detuve, me fijé en el marcador del kilometraje que está en la parte de arriba de mi odómetro, el contador de cuatro dígitos para rastrear los viajes. Se había detenido en un número que ya había sido muy significativo en la situación, un número que había estado relacionando con la víctima de la injusticia de varias maneras. Dios me estaba recordando que él todavía estaba al control de la situación, independientemente de cómo se viera.

Muchos considerarían el hecho de que viera esos números una coincidencia, pero, en contexto, no lo era. Las probabilidades de que viera ese número de cuatro dígitos en un momento determinado eran una en diez mil, y resultó ser en un momento exacto en el que estaba consternado y oraba por la situación. Para un observador casual, es aleatorio. Para alguien que clama a Dios, es su voz.

Dios es el señor de todas las circunstancias, y no hay coincidencias reales en su reino. Sí, la vida funciona bajo las leyes de la física que Dios ha establecido, pero él tiene una manera de calcular el tiempo de los acontecimientos para hablar a través de ellos, especialmente a aquellos que tienen una conversación con él. Cuando le pedimos ánimo o confirmación, somos negligentes al no recibirlos cuando él los da. Y darlos a través de una señal externa tiene precedentes bíblicos significativos. Dios no quiere que dependamos de señales externas, pero definitivamente nos permite recibir confirmación a través de ellas. Él habla a través de los acontecimientos que él organiza, incluso en los aparentemente casuales.

Señor, haz que esté atento a las señales y los símbolos que me rodean. Atrae mis ojos hacia lo que tengo que ver. Permite que el mundo que me rodea, incluso los acontecimientos que tú organizas, lleguen a ser parte fundamental de nuestras conversaciones.

DÍA 36

[Jesús dijo:] «Les di mi ejemplo para que lo sigan.

Hagan lo mismo que yo he hecho con ustedes».

JUAN 13:15

Del corazón de Dios

«Tú quieres una guía específica para tu vida, y yo gustosamente te la doy. Mis ovejas oyen mi voz; yo me aseguro de eso. Todo lo que tienen que hacer es seguir escuchando y aprendiendo. Pero, en todos tus esfuerzos de obtener mi guía y de conocer tu futuro, quiero que te des cuenta de cuánto ya te he dicho. Recuerda que mi prioridad para ti es que me conozcas, que estés lleno de mí, que llegues a ser como yo. Sí, quiero guiar lo que haces, pero me interesa más *lo que tú eres*. Si yo soy tu fuente de vida, no solo por creación, sino por tu dependencia constante de mí, lo que hagas llegará a ser lo suficientemente claro. Tu corazón es el asunto más importante.

»¿Te das cuenta de cuánto te he hablado ya? Mi ejemplo es mi palabra, mi ilustración de quién y qué vas a llegar a ser. En cada acto, en cada palabra, en cada expresión de compasión, o ira, o enojo, he demostrado mi amor por tu vida. Así como yo observaba al Padre y hacía solo lo que veía que él hacía, quiero que me observes como el patrón para tu vida. Tú puedes amar como yo amo, sentir como yo siento, pensar como yo pienso y actuar como yo actúo. Todo lo que hice, lo hice como ser humano y dependí del Padre y del Espíritu. No apelé a mis privilegios divinos. Eso me habría convertido en una excepción que nunca podrías emular, no en un ejemplo que pudieras seguir. Mi intención es que entiendas todo lo que me oyes decir como mis palabras para ti. Ama lo que amo, odia lo que odio, actúa como yo actúo, habla como yo hablo. Esa es mi voluntad para tu vida».

> *Jesús, ayúdame no solo a escuchar los mensajes que tú dices,*
> *sino también a oír los mensajes que ya has dado.*
> *No puedo ser como tú si tú no derramas tu vida en mí.*
> *Capacítame para hacer lo que veo que tú haces.*

DÍA 37

[Dios dijo:] «Ahora te diré cosas nuevas, cosas secretas que aún no has oído».

ISAÍAS 48:6

«**S**eñor, enséñame algo de ti que todavía no sepa». Esta petición mía fue respondida cuando alcancé a oír a mi esposa hablar con mi hijo. Él había estado ansioso por un problema de salud y necesitaba consuelo. Mucho consuelo. Una y otra vez. Y él seguía pidiendo que se le recordara que iba a estar bien. Finalmente, mi esposa le dijo: «Decirlo otra vez no va a hacer que sea más cierto que la primera vez que te lo dije».

Inmediatamente, me vi en ese intercambio verbal. Había estado ansioso por un problema y le había pedido a Dios consuelo. Mucho consuelo. Una y otra vez. Y él me había dado suficiente estímulo para creer lo que ya sabía que era cierto. Aun así, mi corazón estaba ansioso y yo seguía sintiendo la necesidad de escuchar su confirmación una y otra vez. Él me hizo saber su perspectiva en cuanto a mi necesidad a través de las palabras de mi esposa a mi hijo. Escucharlo de Dios una vez más no iba a hacer que fuera más cierto que la primera vez que lo había escuchado. Cuando él dice algo, es cierto, sin fecha de expiración.

Pedirle a Dios que nos enseñe algo que todavía no sabemos,

o que necesitamos entender mejor, siempre es una petición bienvenida. A él le encanta enseñarnos cosas nuevas, y él abrirá nuestros ojos a ilustraciones y a parábolas que tenemos a nuestro alrededor para demostrar quién es él. Cuando estamos enfocados en aprender acerca de Dios, y no en la superación personal, ni en los fracasos, necesidades ni deseos, crecemos en nuestra relación con él y somos transformados sin que nos demos cuenta. Como en cualquier relación, una mayor intimidad cultiva una mayor sensibilidad y conformidad a los intereses de la otra persona. Cuando le pedimos a Dios que nos muestre más de sí mismo, él encuentra la manera de hablar a nuestros corazones y de acercarnos más a él.

Señor, anhelo saber quién eres tú, profunda e íntimamente,
y más allá de las explicaciones religiosas.
Y sé que estás dispuesto a revelar tu naturaleza personalmente
a aquellas personas que te anhelan. Dame imágenes
de tu perspectiva para que pueda conocer tu corazón.

Todos hablaban bien de [Jesús] y estaban asombrados de la gracia

con la que salían las palabras de su boca.

LUCAS 4:22

*J*esús visitó la sinagoga de su pueblo natal y leyó el pasaje sema-
nal de las Escrituras para la reunión del día de descanso. Luego
se sentó, probablemente en la «cátedra de Moisés» desde la que
se daba el sermón normalmente, y agregó algunos comentarios
que implicaban que él era el cumplimiento de los versículos que
acababa de leer, que se encuentran en Isaías 61:12. Su audiencia
no podía haber entendido completamente las implicaciones,
pero entendió lo suficiente como para maravillarse de que este
hijo de carpintero hablara con conocimiento y elocuencia sobre
las Escrituras proféticas. Sus palabras les parecieron amables y
sorprendentes.

Esa es una manera en la que podemos reconocer la voz de
Dios. Los pensamientos que vienen de su Espíritu son originales
e inspiradores. Algunas personas se maravillan de lo ingeniosos
y creativos que son cuando tienen ideas nuevas, pero la mayoría
de nosotros nos damos cuenta de que no somos tan inteligentes
como nos gustaría pensar que somos. Sabemos que tenemos un

pozo profundo de revelación del cual podemos echar mano, y no es nada que nosotros mismos seamos capaces de generar. El Espíritu Santo, quien tiene mucha más sabiduría y entendimiento que nosotros, lo ha puesto dentro de nosotros. Cuando esos pensamientos amables, inspiradores y sorprendentes salen a la superficie, tienen que ser de él.

Pídale a Dios que le dé una perspicacia sorprendente. Pídale ver lo que haya visto antes en los pasajes bíblicos, como ilustraciones, parábolas, ideas que conectan y ángulos. Pídale, como lo hizo Pablo, que los ojos de su corazón se llenen de luz para que usted pueda elevarse a niveles más altos de sabiduría y entendimiento (Efesios 1:17-18). Aprenda a reconocer las ideas y la inspiración repentinas no como productos de su propia mente, sino del Espíritu que vive dentro de usted. Y agradézcale por las palabras amables que ha derramado en su vida y que continuará diciendo en los días y años por venir.

> *Jesús, tus palabras son verdad. Espero que me hagan dar lo máximo, que me inspiren, me llenen de esperanza y me aconsejen con una sabiduría más profunda que la que yo tengo. Dame ideas y perspectivas nuevas. Con los oídos de mi corazón, ayúdame a reconocer las palabras que tú dices.*

«Esta es la señal del SEÑOR para demostrar que cumplirá lo que ha prometido:

"¡Haré retroceder diez gradas la sombra del sol en el reloj solar de Acaz!"».

ISAÍAS 38:7-8

«Señor, si creo en algo incorrecto y me dirijo en la dirección equivocada, me alejaré. Solo háblame claramente. Pero, si quieres que siga adelante, dame la señal que espero». Yo elevé esa oración en un día desalentador, cuando me dirigía a la puerta de salida para ir a caminar. La señal que esperaba, cardenales, era un símbolo común para mí. Dios me había hablado de esa manera en otras oportunidades, y el cardenal representaba para mí esperanza y promesa. Mientras más veía, mayor era la afirmación. Donde vivo, ver un cardenal no es inusual, pero que su presencia coincida con mis conversaciones con Dios ha sido extraño. En tiempo de desesperación, han volado sobre mi cabeza, aterrizado en ramas en frente de mí y, aparentemente, me han visto como si Dios me estuviera dando un mensaje especial. Creía que él me había hablado de esa manera muchas veces; y, en ese día, desesperadamente necesitaba otra dosis de confirmación.

Al final de mi caminata, había visto nueve cardenales (y el nueve resultaba ser un número simbólico en la situación por la que estaba orando). El mayor número de cardenales que había visto en esa ruta eran cuatro, y generalmente eran uno o dos como máximo. Muy frecuentemente no veía ninguno. Pero, en ese día, justo después de que había dicho: «Señor, tomaré cualquier cardenal como afirmación para continuar en la dirección que he estado siguiendo», los vi volar en mi camino, aterrizar en los arbustos que estaban al lado del camino, precipitarse sobre mi cabeza y posados en ramas elevadas, cantando enfáticamente. Así como Ezequías pidió y recibió una señal con el sol en Isaías 38, yo pedí una señal con esa ave en particular. Y el Dios que organiza su creación, me la dio.

> *Señor, sé que tú frecuentemente decides no hablar de esa manera, y no puedo suponer que la ausencia de una señal signifique que no sea así. Simplemente puede significar que tú quieres hablar de otra manera. Pero, cuando sí hablas de esa manera, es muy alentador. Gracias por diseñar «coincidencias» bien coordinadas.*

DÍA 40

Vengan a mí con los oídos bien abiertos. Escuchen, y encontrarán vida.

ISAÍAS 55:3

$\mathcal{A}$ los cristianos les gusta citar la Biblia como la Palabra de Dios. Creemos que es la colección de escritos en los que el Dios del universo se ha revelado a sí mismo. Ella habla de los encuentros de personas con Dios, cita a los profetas que lo escucharon, relata la historia de su Hijo que vino a este mundo y murió por nosotros, y testifica de los milagros de la intervención de Dios en las vidas humanas. Este libro es una revelación de realidad final, inspirada sobrenaturalmente.

Esta es una creencia honorable; pero, cuando admitimos que en realidad no la hemos leído toda, también es una creencia vacía. ¿En realidad valoramos el hecho de conocer a Dios a través de su Palabra? ¿De echar un vistazo detrás del velo del mundo físico? ¿De escuchar la voz divina y sentir el latido del corazón divino? ¿De caminar en la sabiduría arraigada en la eternidad? Aparentemente no tanto como decimos que lo hacemos. Los estudios indican que la mayoría de los cristianos pasan poco tiempo valioso en las Escrituras que dan vida o incluso preguntándole a Dios lo que él quiere decirnos.

¿Por qué nos mantenemos a la distancia de su voz? Tal vez no esperamos oírlo o entender lo que él dice, o no confiamos en que lo que hemos oído provino en realidad de él. O a lo mejor nos da miedo que él diga cosas que no queremos oír, palabras de corrección, reprensión o demandas que requerirán tiempo y energía de nuestra parte. Pero, si llegamos con los oídos bien abiertos, no nos desanimará o humillará lo que oigamos; encontraremos vida. Sus palabras nos infundirán energía. Nos darán esperanza, no obligaciones; consejo constructivo, no reprensión destructiva; oportunidades y promesas, no limitaciones y negaciones. Nuestros días tienden a absorbernos la vida, pero llegar a Dios con oídos abiertos nos vuelve a infundir vida. Si oímos, encontraremos el apoyo sobrenatural que necesitamos.

Padre, tu Palabra es más que la verdad; es la vida.
¿Por qué la descuidaría o, peor aún, me escondería de ella?
No tengo nada que temer en lo que tú dices, pero sí todo que ganar.
Mis oídos están abiertos; dame vida con tus palabras.

El Señor le había dicho a Abram: «Deja tu patria y a tus parientes y a la

familia de tu padre, y vete a la tierra que yo te mostraré».

GÉNESIS 12:1

*A*nhelamos más detalles. Todo lo que se nos dice es que «el Señor le había dicho a Abram». No hay nada acerca de cómo sonaba su voz o de cómo la oyó Abram. ¿Fue en un sueño? ¿Retumbó desde el cielo? ¿Fueron los impulsos sutiles de un corazón que buscaba a Dios? No lo sabemos. ¿Por qué no nos dijo Dios más para que pudiéramos escuchar con atención sus palabras más específicamente?

Tal vez él retuvo los detalles debido a lo que generalmente hacemos con ellos. Cuando vemos los detalles en las Escrituras, tendemos a hacer patrones con ellos. Establecemos principios y luego desarrollamos una relación con los principios y no con Dios. En consecuencia, no logramos ver como genuina cualquier cosa que esté fuera de «la norma», aunque Dios casi siempre está fuera de la norma. Por lo que la Biblia describe varias maneras de escuchar a Dios y, a veces, simplemente nos dice que habló y nos atormenta con la falta de detalles. Se nos deja sin nada más que con nuestra hambre de saber qué es lo que dice, que probablemente es exactamente lo que él tiene pensado.

Quienes queremos escuchar a Dios, no podemos darnos el lujo de limitar nuestra atención a un modo de expresión. Tal vez él nos hablará a través de las palabras de un amigo, llamará nuestra atención a pasajes bíblicos específicos con una lupa divina, o alineará las circunstancias de una manera que confirme las inclinaciones de nuestro corazón guiado por el Espíritu. Más probablemente, se acercará a nosotros en una combinación de expresiones que se complementan entre sí y que sirven para fortalecer nuestra fe en él. Luego podemos seguir adelante confiadamente, sabiendo que el Dios que gobierna cada detalle de nuestra vida habla a través de ellos y nos guía a los lugares que él nos mostrará a medida que avanzamos.

Señor, te escucho con atención en cualquiera de las maneras que tú quieras hablar. Por favor, llama mi atención a los mensajes que tú quieras que yo observe. Permíteme oír tu guía singular desde múltiples ángulos, para que pueda creer que es tu voluntad.

DÍA 42

Sus hijos e hijas profetizarán. Sus jóvenes tendrán visiones,

y sus ancianos tendrán sueños.

HECHOS 2:17

ℰl día de Pentecostés, cuando Dios derramó su Espíritu sobre todos los creyentes que estaban reunidos, Pedro citó al profeta Joel acerca de los «últimos días». Pero, claramente, Pedro no hablaba de alguna era futura del fin del mundo. Señalaba ese día preciso como el cumplimiento de la palabra de Joel. La implicación clara es que el pueblo de Dios entraba a una época en la que los hombres, mujeres y niños de todas las edades podrían escuchar de Dios por cuenta propia. Sus encuentros con él incluirían visiones, sueños y otras sensibilidades proféticas. Dios ya no tendría que hablar a través de un grupo pequeño de profetas y sacerdotes. Él les hablaría a ellos directamente.

Si eso fue cierto durante los días de Pedro, y Joel los llamó los días «últimos» o «finales», entonces nosotros todavía debemos estar viviendo en esa época. Ha habido diversos grados de la actividad del Espíritu Santo en la historia de la iglesia; a veces, él se mueve de maneras dramáticas y, en otras, pareciera que hemos vivido en épocas espirituales oscuras. Pero sus dones siempre han estado completamente disponibles desde Pentecostés, y también su voz. Desde que el Espíritu Santo vino a vivir dentro de la nueva creación de Dios, es decir, cualquier persona que pertenece a Cristo, según 2 Corintios 5:17, todas las cosas son posibles. Dios está accesible. Nadie tiene que decir: «Conozcan al Señor», porque todos son capaces de conocerlo ya (Jeremías 31:34; Hebreos 8:11). Él ya no es un Dios desconocido.

Es cierto que pasamos por épocas oscuras y confusas cuando pareciera que Dios está callado, pero es importante saber que son condiciones temporales, no normales. Con el tiempo, Dios quiere que lo conozcamos. Debemos orarle a él, buscarlo e insistir, pero él hará que suceda. Vivimos en una época de comunicación abierta con Dios.

Espíritu de Dios, anhelo expresiones más claras de tu verdad. Permíteme ver visiones y soñar sueños, como quiera que eso se vea y de la manera que tú quieras darles forma. Que el ambiente de Pentecostés que fluyó libremente sea una realidad en mi vida hoy.

El SEÑOR le dio a la burra la capacidad de hablar.

—¿Qué te he hecho para merecer que me pegues tres veces? —le preguntó a

Balaam. [...] Entonces el SEÑOR abrió los ojos de Balaam y vio al ángel

del SEÑOR de pie en el camino con una espada desenvainada en su mano.

NÚMEROS 22:28, 31

*B*alaam sabía que Dios no iba a permitirle profetizar una maldición en contra de Israel, para lo cual el rey moabita lo había contratado, pero, de todas maneras, salió hacia Israel. El burro que montaba pudo ver que un ángel obstaculizaba el camino, por lo que se detuvo, solamente para sufrir la ira del profeta desacertado. Finalmente, después de que el burro había soportado varios golpes, Dios abrió la boca del animal. Y después de una conversación breve y extraña entre el hombre y la bestia, Dios abrió los ojos de Balaam para que también viera al ángel. Dios tomó medidas extremas para obtener la atención del profeta obstinado.

Sí, Dios puede hablar a través de cualquier cosa, incluso de un burro. Es fácil ver esta historia como un mito o fábula, aunque frecuentemente olvidamos que el Dios infinito que creó el universo puede hacer cualquier cosa que él quiera, en cualquier momento, a través de cualquier medio. Si él puede darle existencia al mundo con el sonido de su voz, todo lo demás es sencillo. ¿Un burro que habla por unos segundos? No es problema. Y más que un poco chistoso.

Nunca desdeñe a los mensajeros toscos que aparecen en su vida. Nos esforzamos por escuchar la voz de Dios a través de un orador de perfil alto o de un libro poderoso y popular, pero frecuentemente él nos prueba para ver si también lo escuchamos a través de ese raro inadaptado de la congregación, o de una cita de Facebook sumamente mal escrita. Si descartamos lo poco probable, es poco probable que lo escuchemos incluso en lo obvio, como un buen número de personas en y alrededor de Belén y Galilea se percataron en la época de Cristo. El medio no es el asunto importante; la voz sí. Escuche *en todas partes*.

> *Señor, no hay tal cosa como «poco probable» contigo. No me importa que el medio me impresione. Simplemente te necesito. Prueba mi oído de la manera que tú elijas, incluso si tienes que abrir la boca de una bestia.*

DÍA 44

También pido en oración que entiendan la increíble grandeza

del poder de Dios para nosotros, los que creemos en él.

EFESIOS 1:19

*C*uando escuchamos con atención la voz de Dios, generalmente lo escuchamos con expectativas limitadas. No lo hacemos intencionalmente; simplemente no sabemos cómo abrirnos a cualquier cosa y a todo. Necesitamos contexto, así que creamos uno. Pero, frecuentemente, es un contexto más estrecho que lo que debería de ser. Como un receptor de radio sintonizado a una estación, descartamos todas las demás señales. Ponemos límites a lo que pensamos que podríamos oír. Y si Dios habla fuera de esos límites, podemos perdernos su mensaje.

La oración de Pablo de Efesios 1 tiene el propósito de elevar nuestras expectativas. Suplica por sabiduría y revelación para iluminarnos y convencernos de la esperanza. En el versículo 19, expande nuestra visión para conocer a un Dios que puede hacer lo imposible a través de aquellas personas que creen en él. En efecto, le pide a Dios que construya un vivero en nuestra alma, en el que su palabra se cultive y florezca. Cuando estamos convencidos de que el poder de Dios está disponible para nosotros por medio de la fe, nuestra fe es capaz de comprender posibilidades más grandes. Cuando escuchamos con atención su voz, oramos con más audacia, anticipamos respuestas milagrosas y aprendemos a esperar lo inesperado.

Si hiciéramos la oración de Pablo por nosotros mismos todos los días, no solo creceríamos dramáticamente en nuestro conocimiento de Dios y en nuestra relación con él, sino que también lo escucharíamos más claramente. El terreno de nuestros corazones estaría mejor preparado para las semillas que él quiere plantar allí. Nuestra capacidad para visualizar la voluntad de Dios se ampliaría para acomodar las cosas grandes que él quiere hacer. Y comenzaríamos a meternos más plenamente en los planes que él tiene para nosotros.

> *Dios, ayúdame a entender la grandeza increíble de tu poder,*
> *no solo en la teoría, sino de cada manera que este se aplica a mi vida.*
> *Quiero caminar en tu fortaleza. Quiero que mi corazón*
> *sea lo suficientemente grande para tus propósitos. Por favor,*
> *permíteme escuchar todo lo que quieres decir.*

DÍA 45

Desde la eternidad y hasta la eternidad, yo soy Dios. No hay quien pueda

arrebatar a nadie de mi mano; nadie puede deshacer lo que he hecho.

ISAÍAS 43:13

Del corazón de Dios

«Quiero que entiendas todo lo que "desde la eternidad y hasta la eternidad" incluye. Significa que no solo nadie puede deshacer nada de lo que he hecho, sino que tampoco nadie puede deshacer lo que he *dicho*. Es cierto que a menudo interactúo con mi pueblo con indulgencia en mi voluntad; así como Moisés, puedes cambiar mi rumbo con tus oraciones y súplicas. Y, también como Moisés, puedes perder promesas que podrían haberse aplicado a ti si hubieras tenido el cuidado de creer y de seguirme de cerca. Pero, cuando te he dicho mis promesas y propósitos, y los has creído y has tenido el cuidado de alinear tu vida a ellos, nunca tienes que preocuparte de perder lo que se te ha prometido. No importa cómo se vean las cosas, mis palabras siempre se cumplirán. Cualquier circunstancia o argumento que haya en contra de ellas, independientemente de cuán improbables parezcan mis palabras, la interferencia externa no puede extinguirlas o diferirlas. Las cosas que te he dicho son verdad sagrada y puedes aferrarte a ellas incansablemente y sin miedo.

»Eso puede ser difícil de entender para ti, porque no conoces a nadie más cuyas palabras sean confiables. En el mundo, nunca puedes estar seguro de que la gente pueda o esté dispuesta a cumplir su palabra. Pero yo siempre puedo y no habría dicho mis palabras si no hubiera estado dispuesto. Yo veo el final desde el principio, y sabría si te estuviera dando falsas esperanzas. Cuando expreso esperanza para tu vida, esa esperanza es real. Es segura. Aférrate a ella como la voz de un Dios infinito, todopoderoso, que no puede fallar. Puedes escuchar bien solamente cuando recuerdes esto de mí y te aferres a lo que soy».

Dios eterno, me he acostumbrado tanto
a la sabiduría humana que olvido cuán eternas
e invencibles son tus palabras. Ayuda a mi espíritu
a tener un sentido genuino del peso de ellas,
y perdóname cuando mi corazón cuestione tu fidelidad.
Nada ni nadie puede alterar lo que tú has dicho.

DÍA 46

El ángel del SEÑOR se le apareció en un fuego

ardiente, en medio de una zarza.

ÉXODO 3:2

*H*ay ocasiones en las Escrituras en las que Dios habla tan clara e inequívocamente que el oyente no tiene dudas acerca de cuál es su voluntad. Esas ocasiones son poco frecuentes y, por lo general, están reservadas para acontecimientos importantes de la historia de la salvación y para personas con funciones proféticas cruciales. Pero, al discernir los diversos grados de intensidad de la voz de Dios en las Escrituras (él susurra sutilmente en algunas ocasiones y anuncia enfáticamente en otras), observamos una dinámica interesante: mientras más claro habla, mayor es la demanda de obediencia.

Moisés tenía pocas opciones. Él trató de disuadir a Dios de su plan, pero Dios lo dejó sin alternativas. No había error en las palabras, ni confusión en cuanto a las instrucciones, ni lugar para interpretaciones en absoluto. Si Moisés hubiera decidido no regresar a Egipto, no habría podido argumentar que había mal-interpretado o que la voz no era clara. Habría tenido que rebelarse deliberadamente.

Muchos decimos que anhelamos escuchar a Dios con más claridad, pero ¿en realidad lo anhelamos? Mientras más clara sea la revelación, mayores son las expectativas que vienen con ella. No es posible que esperemos una guía clara de Dios y luego considerar si la seguimos o no. Cuando él habla enfática e inequívocamente, generalmente es porque nos está poniendo en situaciones en las que la tentación de huir será grande. Hay una razón por la que Moisés vio una zarza ardiente y escuchó la voz de Dios audiblemente; su llamado era terriblemente peligroso e intimidante. Hay una razón por la que a María la visitó un ángel; tener un hijo fuera del matrimonio era un asunto peligroso. Si queremos ese nivel de audición, también pedimos ese nivel de responsabilidad. Y no es tan agradable como podríamos pensar.

Anhele la voz de Dios, pero no se confunda en cuanto a aquello a lo que lo llevará el anhelo: a una audición mayor y, por lo tanto, a una responsabilidad mucho mayor. Un encuentro excepcional con Dios demanda entrar a un destino excepcional.

Señor, sé que el precio de oírte es alto, pero aun así quiero encontrarme contigo. Estoy dispuesto a enfrentar la responsabilidad de conocer tu voluntad.

La palabra a su tiempo, ¡cuán buena es!

PROVERBIOS 15:23, RVR60

*U*na miembro de nuestro grupo pidió oración por su madre, quien sufría de una enfermedad terminal, y cada vez era más incapaz de caminar. Varias veces al día, su madre tropezaba y se caía, y la familia corría a atenderla. La madre, la hija y el resto de la familia necesitaban la ayuda de Dios.

Después de que oramos, leímos un salmo que habíamos elegido previamente, el Salmo 145, y cada persona leyó en voz alta dos versículos. Cuando le tocó a la mujer que había pedido oración por su madre, comenzó a leer los versículos que le tocaron en la rotación: «El SEÑOR levanta a los caídos y sostiene a los agobiados» (Salmo 145:14, NVI). A duras penas terminó de leer estas palabras pues le comenzaron a rodar las lágrimas. Dios había reconocido directamente una necesidad personal y había prometido caminar con esta familia a través de su prueba.

Dios es experto en palabras oportunas. Sabe dónde se va a sentar cada persona antes de que el grupo se siente a leer. Sabe con mucha anticipación qué pasajes bíblicos y qué lecturas devocionales se leerán en un determinado día, y tiene la habilidad sobrenatural de coordinarlos para que hablen directamente a los acontecimientos y asuntos de la vida del lector. Sabe cómo sacarnos de nuestros patrones normales para que escuchemos un mensaje, leamos el pasaje de un libro o, incluso, alcancemos a oír un comentario informal que hable profundamente a las necesidades apremiantes de nuestro corazón. Sabe cómo calcular el momento en que hace sonar su voz para lograr nuestra atención y que se ajuste a nuestras circunstancias.

Nunca vacile en pedirle a Dios palabras oportunas. Cuando esté desanimado, pídale ánimo. Siempre llega, por lo general más pronto que tarde. Cuando necesite guía o sabiduría, pídale que le exprese su voluntad en los mensajes que usted escuchará a través de sus conversaciones, lecturas y exposición a su Palabra. Él tiene algo qué decir con respecto a cualquier cosa que usted necesite. Y él conoce el momento perfecto para decirlo.

> *Señor, recalca en mí la locura de ver las palabras oportunas como «coincidencia». Tú eres el Señor de mis circunstancias, y tu tiempo es perfecto. Tú coordinas las cosas que oigo y veo. Ayúdame a reconocer tu voz en ellas.*

DÍA 48

Eres bendita porque creíste que el Señor haría lo que te dijo.

LUCAS 1:45

Casi todo cristiano sostiene una fuerte creencia en que Dios llevará a cabo lo que dijo que haría, que cumplirá sus promesas, dará las bendiciones descritas en su Palabra y demostrará ser fiel y verdadero en nuestra vida. Aun así, si somos sinceros, en lo profundo de nuestra mente nos queda una duda muy sutil, un «eso espero» o «ya veremos», que socava la plenitud de nuestra fe. No hay problema; Dios entiende. Cuando un hombre le dijo a Jesús que creía, en tanto que también le pidió que lo ayudara en su incredulidad (Marcos 9:24), Jesús hizo un milagro a continuación. Pero eso no es lo ideal. Jesús también dio promesas en cuanto a la oración que estaban condicionadas a que no se dudara de ellas (Mateo 21:21), y se maravilló de la incredulidad que sus discípulos mostraron en medio de tormentas (Marcos 4:40). Su deseo es que creamos que él hará lo que ha dicho. Y su bendición con frecuencia se reserva solamente para aquellas personas que creen.

Para nosotros, eso es difícil de asimilar. No queremos que las bendiciones de Dios dependan de la pureza de nuestra fe, pero algunas de ellas sí dependen de eso. No parece que el tamaño de nuestra fe sea un problema; todo lo que necesitamos es fe del tamaño de un grano de mostaza (Mateo 17:20). Pero la calidad de nuestra fe, definitivamente, puede tener un efecto en lo que recibimos de Dios. Varios pasajes de las Escrituras nos instan a no mezclar nuestra fe con la duda. Él guarda algunas de sus bendiciones más preciosas para aquellas personas que creen que él las dará.

Elisabet bendijo a María porque María creía que Dios haría lo que había dicho. Muchas personas no habrían creído, las palabras del ángel les habrían parecido demasiado extrañas para que fueran literalmente verdaderas. Pero María las aceptó, y Elisabet expresó un principio bíblico profundo cuando la vio. Así como Abraham fue declarado justo porque había creído las palabras imposibles de Dios, María fue declarada bendita porque también le había creído a Dios. Aquellas personas que confían en las palabras extraordinarias de Dios se darán cuenta de que él es extraordinariamente fiel.

> *Señor, creo. Si tú lo dijiste, siempre es cierto,*
> *no importa cuán extraño o improbable parezca.*
> *Acepto tu habilidad de hacer lo imposible, y agradecidamente*
> *recibo la bendición que viene al creer.*

Y esa esperanza no acabará en desilusión.

ROMANOS 5:5

Está bien. Usted puede permitirse tener esperanza. No muchas personas creen eso. O tal vez sería más exacto sugerir que no muchas personas creen que pueden esperar cualquier otra cosa aparte de su salvación final en Cristo. Pero nuestra esperanza en Dios es mucho más abarcadora que «algún día en el cielo». Él nos ha dado todo lo que tiene que ver con la vida y la rectitud y acceso a sus «grandes y preciosas promesas» (2 Pedro 1:3-4). Al igual que David, podemos estar confiados en que veremos la bondad de Dios en la tierra de los vivos (Salmo 27:13). Él llena nuestra vida no solo de la esperanza del cuadro global, sino también de la esperanza diaria. Él es el dador de todo lo que es bueno.

Muchas personas que escuchan atentamente la voz de Dios están predispuestas a escuchar sus restricciones, limitaciones y correcciones. Puede que esperen que él los anime a mantener la esperanza para la eternidad, pero no para las situaciones actuales. Aun así, Dios está mucho más dispuesto a animarnos tocante a las circunstancias de hoy en día que lo que pensamos que está.

Tiene soluciones que todavía no hemos descubierto, promesas que todavía no hemos aceptado y resultados que todavía no hemos visualizado. Él es la variable oculta de cada situación, la carta del triunfo que todavía se puede jugar, el fin bello y satisfactorio de la historia que se ve imposible en medio de la trama tortuosa y agobiante. Cuando Dios es parte del asunto, ninguna situación es imposible.

No espere la desilusión. No suponga, como muchas personas lo hacen, que Dios permanecerá distante y que no superará la situación. Permita que su corazón acepte la esperanza de todo el evangelio, no solo la Buena Noticia de salvación, que por cierto es verdad, sino también la buena noticia de su reino, que viene incluso ya. Cuando Dios habla, el está mucho más interesado en llenar su corazón de expectativa que en someterlo con limitaciones. Acepte la esperanza que no desilusiona.

Señor, parece que mi corazón
está tan predispuesto a las bajas expectativas.
Mi instinto es protegerme de la desilusión. Pero tu reino es diferente;
tú inclinas nuestros corazones hacia la esperanza. Dame el valor
de aceptar la esperanza sin miedo a la desilusión.
Permíteme ver tu bondad en la tierra de los vivientes.

DÍA 50

Subiré a mi torre de vigilancia y montaré guardia.

HABACUC 2:1

A veces la voz de Dios sorprende a las personas. En realidad, no lo han escuchado con atención, pero él entra a sus vidas de todas formas, con alguna información o guía vital. Eso fue lo que hizo con Moisés, quien difícilmente estaba buscando una guía nueva de Dios cuando se topó con la zarza ardiente. Eso es lo que Dios hizo con Samuel, quien pensó que el sacerdote Elí lo llamaba en plena noche; se le tuvo que decir que era Dios. Y eso es lo que Dios hizo con María, quien quizás había buscado diligente la voluntad de Dios, pero nunca habría esperado la visita de un ángel y el anuncio de su bello y escandaloso embarazo. Dios nos sorprenderá cuando esté a punto de hacer algo importante en su plan general y quiera que participemos en él. Pero esa no es la manera usual de escucharlo.

No, rara vez estaremos conscientes de su voz si pasamos la vida pensando: *Si Dios quiere hablar conmigo, él tiene mi número.* Él les habla con mucha más facilidad a aquellas personas que escuchan activamente, quienes, al igual que Habacuc, se han apostado en la muralla y están esperando escuchar lo que Dios dice. Esa clase de atención requiere de fe y paciencia, pero, con el tiempo, será recompensada. Mientras más escuchemos, más oiremos. Mientras más practiquemos escuchar, más aprenderemos a reconocer cuál es la voz de Dios. Seguro, la práctica implica fracaso, entenderemos mal algunas cosas a medida que escuchemos, y habrá ocasiones en las que nuestra atención nos sintonizará a toda clase de voces, no solo a la de Dios. Pero, con el tiempo, aprenderemos a reconocer su voz de entre todas las demás.

Cueste lo que cueste, tenemos que colocarnos como receptores satelitales, a la espera de una señal del reino espiritual. Tenemos que pedirle a Dios que hable, y luego tenemos que escuchar atentamente su voz. Él desarrollará nuestros oídos para oír.

Señor, escucho. Por favor, habla y, por favor, ayúdame a reconocer tu voz. Habla tocante a las preguntas que he puesto ante ti. Dame el placer de escuchar tu voz claramente.

Ese plan «ridículo» de Dios es más sabio

que el más sabio de los planes humanos.

1 CORINTIOS 1:25

Las Escrituras hacen una distinción clara entre la sabiduría de Dios y la nuestra. De hecho, la sabiduría de Dios por lo regular parece ridícula, como lo señala Pablo al referirse a la cruz. Y la sabiduría humana con frecuencia no es nada más que ridiculez a los ojos de Dios. Incluso la sabiduría bíblica no se aplica en términos generales, un ejemplo de ello son las máximas de Proverbios que nos dicen cómo funciona el mundo normalmente. ¿Qué humano le habría aconsejado a Moisés que fuera a la corte de faraón en una misión aparentemente suicida? ¿O habría avalado el matrimonio de Oseas con una prostituta? ¿O habría recomendado las vueltas de Josué alrededor de Jericó como una estrategia militar viable? No, Dios a menudo nos da tonterías aparentes para ver si las aceptaremos como sabiduría y, con frecuencia, desbarata lo mejor de nuestra sabiduría para demostrar que él es más sabio.

Así que, cuando alguien nos aconseje a «hacer lo que es sabio», o que adoptemos un enfoque de la vida guiado por principios, incluso cuando esos principios se derivan de las Escrituras, debemos insistir en la necesidad de escuchar la voz de Dios, incluso si nos da una guía sorprendente e ilógica. Quizás muchos nos llamen tontos, pero la mejor sabiduría viene de escuchar a Dios, de seguirlo y de vivir de acuerdo a su guía. La eternidad revelará que los tontos santos fueron sabios, y que el razonamiento humano por lo general fue tonto. Solo aquellas personas que están dispuestas a aceptar los disparates de Dios, que no son disparates en absoluto, desde su perspectiva, son capaces de disfrutar la aventura de una vida sobrenatural.

En lo profundo, no anhelamos una relación con la sabiduría o con los principios. Anhelamos una relación con Dios, un ser vivo y personal que interactúa con nosotros a diario. Algunas veces, su voz nos parecerá sabia y, otras, parecerá ridícula. Si vivimos de acuerdo a nuestros propios estándares de sabiduría, aceptaremos lo primero y rechazaremos lo segundo. Pero todo lo que necesitamos saber es que hemos oído. Entonces podemos seguir a Dios a cualquier parte, aunque parezca absurdo.

Padre, confío en tu voluntad, incluso cuando no la entiendo, e incluso cuando otros puedan pensar que soy ridículo por seguirla. Acepto tu sabiduría, sin importar cómo se manifieste.

DÍA 52

La Palabra se hizo hombre y vino a vivir entre nosotros.

JUAN 1:14

El Evangelio de Juan comienza con una declaración sorprendente: En el principio existía la Palabra. La Palabra estaba con Dios, pero la Palabra también era Dios. Estaba *con* él, pero también era *él*. No otro ser; la esencia del mismo Dios. No entendemos semejantes misterios, pero no importa. De todas formas, las mentes finitas no deberían ser capaces de entender a un ser infinito. Aun así, nos maravillamos. ¿Quién es esta Palabra, y por qué se le llama «la Palabra», en primer lugar? ¿Qué diría alguien conocido como «la Palabra»?

Por Juan y el resto de las Escrituras, sabemos que la Palabra es Jesús. Él es la sabiduría, el *logos* que está detrás de la creación. Cuando Dios dio vida a los mundos con su palabra, habló a través de Jesús. O habló a Jesús. No estamos seguros. Indistintamente de cómo ocurrió, Jesús fue instrumental en la creación, y es uno con Dios. Y a él se le llama la Palabra.

Aunque ese misterio puede provocar preguntas, también nos dice mucho. Cuando Jesús vino, él no solo *habló* la verdad. Él *era* la verdad. Y, siendo eterno, él todavía *es* la verdad. Eso quiere decir que, cuando nosotros lo escuchamos, no solo recibimos palabras de sabiduría o buen consejo, o incluso información eternamente significativa. Lo recibimos a *él*. No podemos separar lo que él *dice* de lo que él *es*. No podemos hablar de su naturaleza y su voz como si fueran dos entidades separadas. De alguna manera, tal vez místicamente, cuando recibimos a Jesús por fe y nacemos de su Espíritu, nacemos de la Palabra. La verdad se implanta en nosotros. A medida que crecemos, no solo aprendemos sus palabras, las encarnamos.

Tal vez, eso es lo que Jesús quiso decir cuando habló de aquellas personas que tienen oídos para oír. No se refería a recibir ondas sonoras, sino a encarnar su naturaleza y su verdad. Su voz no nos llega desde afuera, sino de su Espíritu, a quien él ha puesto dentro de nosotros. A medida que aceptamos a la Palabra, encarnamos sus palabras.

> *Señor, tú llegaste a ser carne y viviste entre nosotros.*
> *Entra a mi carne y vive a través de mí entre tu pueblo.*
> *No te limites a hablarme; habla a través de mí. Sé la Palabra en mí.*

Aunque el SEÑOR es grande, se ocupa de los humildes,

pero se mantiene distante de los orgullosos.

SALMO 138:6

A Dios lo ahuyenta el orgullo. Él mantiene la distancia de los corazones autosuficientes que se equivocan al suponer que no lo necesitan. El orgullo es tan contrario a la naturaleza de Dios y tan resistente a sus caminos, que él simplemente se mantiene lejos. Los orgullosos no pueden disfrutar de la presencia de Dios y no son lo suficientemente sensibles para oír su voz. Aquellos que están llenos de sí mismos no pueden estar llenos de él.

Por otro lado, la humildad nos acerca más a Dios. Él ama a las personas de corazón humilde, porque ellas conocen su necesidad de él y son lo suficientemente vulnerables como para invitarlo a entrar. Jesús bendijo a los pobres de espíritu, porque están tan vacíos de sí mismos como para tener espacio para Dios. Un alma modesta y humilde se ajusta de manera natural al Espíritu de Dios.

Al igual que la adoración y la gratitud, la humildad crea el clima apropiado para escuchar a Dios. Si Dios mantiene la distancia de las personas orgullosas, pero las humildes lo atraen, y si escuchar su voz es un resultado de su cercanía, entonces, la humildad es una condición necesaria para escucharlo. Hay excepciones, por supuesto, el orgulloso Faraón escuchó las palabras de Dios a través de Moisés, y el orgulloso rey Belsasar vio la escritura en la pared. Pero esas fueron palabras de advertencia y juicio, no mensajes de compasión o llamado. Cuando Dios quiere hablar tierna y amorosamente a su pueblo, su voz resuena con claridad en corazones que no están llenos de egoísmo.

Tendemos a pensar que la humildad es algo que se hace en nosotros, una actitud que Dios obra en nosotros y no que nosotros podemos crearla, pero las Escrituras nos exhortan a que *nos* humillemos. En otras palabras, debemos elegir la humildad en lugar del orgullo, pensar en los demás antes que en nosotros mismos. Cuando lo hacemos, nos preparamos para recibir lo que Dios diga.

> *Señor, si hay algo en mí que entorpezca tu voz,*
> *cualquier orgullo que haga que te retires, indícalo*
> *y ayúdame a resolverlo. Renuncio voluntariamente*
> *a cualquier cosa que obstruya mi percepción de tu voluntad.*
> *Con gusto me vacío de mí mismo para estar lleno de ti.*

[El Señor dijo:] «Levántate y sal al valle, y allí te hablaré».

EZEQUIEL 3:22

Del corazón de Dios

«Si quieres encontrarte conmigo, ve a donde yo te diga. A veces te susurro en el momento, justo donde estás. A veces te encuentro en tu rutina normal. Pero, a veces, necesitas un cambio de lugar. Mi Hijo iba a la cima de una montaña o se retiraba de las multitudes. Ezequiel tuvo que ir a un lugar donde yo le podría mostrar mi gloria con más plenitud e intimidad, y luego enviarlo de regreso a su entorno normal. Jeremías bajó a la casa del alfarero para que yo pudiera darle una ilustración. Con frecuencia, coloco a mis amigos en lugares que van a ser pertinentes a la palabra que estoy a punto de decirles, o los coloco en un lugar estratégico para darles un mensaje específico. Tengo muchas razones, y rara vez las explico en su totalidad. Pero, cuando me escuches decirte que vayas, levántate y ve. Cuando hablo, a veces el lugar importa.

»Yo no estoy atado por la geografía, pero la uso con frecuencia para decir algo importante. La topografía de la Tierra Prometida está llena de mensajes sutiles acerca de mis propósitos. Los senderos por los que guie a mi pueblo están repletos de simbolismo. Mi creación física y mi verdad espiritual van de la mano. Si entiendes esto, comenzarás a aprender lecciones y a escuchar mensajes de las maneras y en los lugares a los que te guío. Ya he llenado tu vida de un profundo simbolismo, y tú comenzarás a notarlo. Y cuando encuentres soledad y privacidad, me revelaré de una manera más notable. Tu ubicación puede afectar lo que escuches.

»No te resistas a los impulsos que te doy para que te ubiques donde vas a escucharme. Haré que sean claros para ti, pero debes seguirlos. Te encontrarás conmigo en lugares donde nunca esperaste encontrarme».

Señor, iría a lo último de la tierra para escuchar tu voz. Pero no quiero vagar sin rumbo. Llévame a donde quieras que vaya y háblame allí. Si necesitas cambiar mi punto de vista para mostrarme tu gloria, estoy totalmente de acuerdo.

No serán ustedes los que hablen, sino que el Espíritu

de su Padre hablará por medio de ustedes.

MATEO 10:20

𝒥esús les dijo a sus seguidores que el Espíritu los guiaría a toda la verdad y les hablaría del futuro (Juan 16:13). Pablo les aseguraba con frecuencia a sus lectores que Jesús vivía en ellos, dispuesto, activo y hablando las cosas de Dios. Pedro les dijo a sus lectores que hablaran como si estuvieran hablando las mismas palabras de Dios (1 Pedro 4:11). En Mateo 10, Jesús les da a sus seguidores un vistazo de cómo ocurriría eso. En algunas ocasiones ellos hablarían, con sus voces, sus pensamientos y, aparentemente, con sus palabras, pero, en realidad, sería el Espíritu quien hablaría a través de ellos. Ellos serían los que hablarían, pero Dios sería la fuente.

Pocas personas hoy en día tienden a afirmar que tienen inspiración divina cuando hablan, sin embargo, eso es más por humildad que por convicción bíblica. También se debe a falta de fe en lo que Dios ha prometido, así como a que son demasiado sensibles a la crítica farisaica. A menudo, cuando en la iglesia alguien afirma hoy en día haber oído a Dios, o más atrevidamente, haber dicho sus palabras, los «defensores de la fe» hipervigilantes declararán que semejante audacia es prácticamente una herejía. Pero estas clases de críticos, al defender la Biblia, han olvidado lo que la Biblia en realidad dice. Han ignorado las palabras de Jesús, o las han redefinido para aplicarlas solamente a una generación de discípulos o apóstoles. Mientras tanto, aquellas personas que han oído la voz de Dios se ven intimidadas a pensar que no lo han hecho.

Jesús fue enfático en el hecho de que el Espíritu habla a través de sus seguidores con las palabras del Padre. No es herejía creer esa verdad. De hecho, el *no* creerla está muy por debajo de los propósitos de Dios. Más bien, se nos invita a permitir que el Espíritu surja dentro de nosotros y hable audazmente a través de nuestra boca en las situaciones que nos rodean, sin arrogancia, sin presunción, sino al contrario confiadamente. Al Espíritu le encanta hacerse oír a través de su pueblo.

> *Espíritu Santo, sé que hablas, y confío en que me hablas a mí y a través de mí. Me das permiso para declarar a otras personas lo que he oído de ti. Ayúdame a aprovechar cada oportunidad de hacerlo.*

El SEÑOR le preguntó [a Moisés]:

«¿Qué es lo que tienes en la mano?».

ÉXODO 4:2

*M*oisés presentó toda clase de objeciones al llamado de Dios, aparentemente una zarza ardiente no era convincente en sí misma, por lo que Dios tuvo que demostrar que su poder acompañaría a Moisés de regreso a Egipto. Dios pudo haber enviado a Moisés a buscar una vara especial con poderes mágicos a un escondite en el desierto, pero semejante teatro no era necesario. La vara en sí misma no era el punto importante; Dios podía demostrar su poder en la vara que Moisés ya tenía. Por lo que, cuando le dijo a Moisés que arrojara la vara y esta se convirtió en serpiente, y de nuevo en vara cuando Moisés la recogió, el simbolismo era profundo. El poder de Dios acompaña lo que ya tenemos en nuestras manos, si lo usamos de acuerdo a su guía.

Su vida está llena de bienes: sus dones y talentos naturales, dones espirituales, recursos materiales, educación y experiencia, trabajo, ubicación geográfica, y más. Estas no son una colección de recuerdos al azar o coincidencias. Son garantías de la obra del reino de Dios. Eso quiere decir que usted a menudo puede discernir la voz de Dios con lo que él ya ha puesto en sus manos. Ya sean bienes, posiciones o conocimiento y experiencia, usted tiene cosas que Dios seguramente ha querido usar desde hace tiempo. Su voz probablemente le pedirá que las arroje ante él y que observe lo que él hará con ellas.

Eso no quiere decir que Dios siempre busca el *statu quo* en su vida. De hecho, rara vez lo hace. Pero también tiende a construir sobre lo que ya le ha dado. Cualquier cosa que usted oiga de él al buscar su guía, es muy seguro que incluirá algunas cosas que ya están en su mano. A medida que usted «las arroje» (¡ofrézcaselas para su uso!), algunas de ellas cobrarán vida de maneras que usted nunca antes ha experimentado. Lo que él ha hecho en su pasado, muy frecuentemente señala hacia lo que hará en su futuro.

Señor, el pasado por el que me has guiado
me habla del futuro al que me guías. Muéstrame
lo que puedes hacer con las cosas que hay en mis manos.
Todo lo que tengo es para que tú lo uses.

[Yo, Pablo,] pido en oración que, de sus gloriosos e inagotables recursos,

los fortalezca con poder en el ser interior por medio de su Espíritu.

EFESIOS 3:16

$\mathcal{E}$l orador invitado era famoso por sus palabras profundas y proféticas, que expresaban el interés de Dios por las personas que estaban en situaciones que ningún extraño podría haber conocido por cuenta propia. E incluso, durante ese servicio, habló directamente a la vida de las personas con una precisión extraordinaria.

Una mujer, que había llegado con una súplica urgente para que Dios le diera confirmación específica en cuanto a su llamado, tenía altas expectativas. Y esas expectativas se esfumaron cuando el orador finalmente la llamó y simplemente dijo: «Confíe en Dios».

Esas no eran las palabras específicas que ella esperaba, y estaba profundamente decepcionada. Pero regresó al siguiente servicio, de nuevo con muchas esperanzas. ¿Por qué no le daría Dios confirmación específica como lo hacía con tantas personas que la rodeaban? ¿Por qué se quedaría callado en cuanto a asuntos de los que él claramente le había hablado antes? Después de orar en medio de su confusión y dolor, se dio cuenta de la respuesta. Ella ya había escuchado a Dios con claridad; pedir otra confirmación era resultado de su falta de confianza. Dios le permitía saber que ella podía confiar en lo que ya había oído.

¿Puede confiar en el Espíritu Santo que vive en usted? A eso se reducen muchas de nuestras preguntas acerca de su voluntad. Podemos estar tan preocupados en cuanto a estar equivocados, que olvidamos su enorme poder para mantenernos en la verdad. Sospechamos de cualquier impulso que hay en nuestro corazón, incluso cuando hemos recibido promesas directas y confirmación en cuanto a la obra de Dios en nosotros y a su voluntad para nuestra vida. Lo que él ha dicho dentro de nuestro corazón es tan válido como lo que nos dice a través de otras personas. Cuando él se queda callado externamente, podemos descansar en lo que nos dice internamente.

> *Espíritu Santo, que nunca sea yo culpable de minimizar el tesoro que has puesto en mí. Tú eres completamente confiable, y vives en mí. Inspírame con tus deseos y guía, y dame la fe para creer.*

DÍA 58

No le había dicho a nadie acerca de los planes que Dios

había puesto en mi corazón para Jerusalén.

NEHEMÍAS 2:12

La mujer venía observando una tendencia, y su corazón estaba agobiado por eso. Los padres solteros de un vecindario con desafíos económicos llegaban a dejar a sus hijos a la iglesia los domingos en la mañana, y se iban. Algunas personas de la congregación se sentían ofendidas, «la iglesia no es un servicio de cuidado de niños», comentaban. Pero ella lo vio como una oportunidad. Los niños necesitaban a Dios, y al ponerles atención en la escuela dominical, la iglesia también tendría acceso a la vida de los padres. Eso no era intrusión; era una invitación abierta del Padre.

La mujer le preguntó al pastor si la iglesia podría ampliar su escuela dominical para suplir las necesidades específicas de los niños y sus familias. Sabiamente, él delegó la acción a la persona que había tenido la visión de hacerlo. «Por supuesto que podemos ayudarlos. ¿Por qué no desarrolla usted un plan para eso?» Al principio, intimidada, luego, inspirada, retuvo la visión y la ejecutó. Dios había puesto la carga en su corazón por alguna razón. Ella fue a quien él estaba llamando para que interviniera.

Como lo afirmó Nehemías antes de trasladarse a Jerusalén, Dios pone sus propósitos en el corazón de su pueblo. Él les da un sentido de misión y llamado a aquellas personas que pueden tomar el liderazgo para suplir las necesidades que los rodean. Podemos pensar que nuestras cargas son para que otras personas las lleven, y otras, ciertamente, pueden estar involucradas. Pero nuestras cargas son por lo general el impulso del Espíritu Santo, no para que alguien más haga algo al respecto, sino para que nosotros mismos nos encarguemos de ellas. Donde existe una visión fuerte de cumplir un propósito orientado hacia el reino, ahí el Espíritu ha estado hablando. Y no importa cuán intimidados podamos sentirnos, debemos comenzar a caminar en esa dirección y seguir a medida que el Espíritu guíe.

Espíritu Santo, ayúdame a organizar las cargas de mi corazón.
¿Son todas tuyas? ¿Cuáles debo seguir?
Guíame a cumplir los propósitos que has colocado dentro de mí.
Aclara mi visión y asegura mis pasos. Guíame por puertas abiertas
para cumplir la misión de tu reino donde pueda.

Su Espíritu investiga todo a fondo

y nos muestra los secretos profundos de Dios.

1 CORINTIOS 2:10

$\mathcal{D}$ios conoce todas las cosas. Como creador del universo, él conoce hasta los misterios más profundos que este contiene. Él conoce cada «por qué» y cada «cómo» de la existencia, las respuestas a todas esas preguntas que nos inquietan acerca de nuestro propósito y destino. Su Espíritu conoce cada motivo del corazón del Padre y cada matiz de su relación con nosotros. Él es guardián de secretos profundos.

En Cristo, muchos de esos secretos profundos se revelan; Pablo escribió a menudo acerca del «misterio» del evangelio que se estaba revelando en su generación. Aun así, las Escrituras implican que hay más secretos por conocer, y la lógica lo confirma. Un Dios infinito siempre debe saber más de lo que ha revelado y siempre debe albergar pensamientos que las mentes finitas no pueden comprender. Por ejemplo, no sabemos con exactitud cómo se desarrollará la historia, aunque Dios ha revelado su rumbo general y meta final. Tampoco sabemos con precisión cómo se desarrollará nuestra vida, aunque Dios nos ha dado un propósito y sigue llamándonos a avanzar. Hay pasajes de las Escrituras que todavía no hemos comprendido por completo, razones que hay detrás del mal y del sufrimiento que ni siquiera remotamente podemos entender, dinámicas de las relaciones humanas que todavía no hemos puesto en orden. Aunque Dios ha revelado muchos secretos, la mayoría de las veces los detalles todavía siguen ocultos.

Pero el Espíritu de Dios nos muestra sus secretos profundos. La sabiduría del mundo nunca puede comprender el corazón y la mente de Dios, pero él comparte su consejo con aquellas personas que lo aman. Quiere revelar su naturaleza y sus planes a aquellas personas cuyos corazones le pertenecen. No nos pide que desciframos cosas, o que dependamos de nuestra propia sabiduría; nos invita a recibir su consejo privado. Cuando nos sumergimos en su Espíritu, comenzamos a entender cosas que nunca antes habíamos entendido; tenemos ideas repentinas que sabemos que no son nuestras; y comenzamos a caminar en direcciones que nunca antes habíamos planificado. ¿Por qué? Porque los secretos profundos de Dios se están revelando en nuestros corazones.

> *Espíritu Santo, haz que tus secretos entren a mi corazón.*
> *Cada día, muéstrame más de ti.*

Todos nosotros, con el rostro descubierto, contemplando como en un espejo la gloria del Señor, estamos siendo transformados en la misma imagen de gloria en gloria, como por el Señor, el Espíritu.

2 CORINTIOS 3:18, NBLA

¿Estoy en sintonía con el Espíritu de Dios? ¿Ejerzo sus dones de manera apropiada? ¿Están alineados mis deseos con los suyos? ¿Oro de acuerdo a su voluntad? ¿Escucho su voz? Si no podemos responder estas preguntas con un alto grado de certeza, abandonaremos nuestra relación con Dios con vacilación. Tomaremos decisiones, haremos oraciones y escucharemos atentamente su guía sin mucha convicción, y nuestra fe incierta vacilará. Hay mucha humildad en este camino, pero no mucha valentía santa. Y no podemos lograr mucho en el reino de Dios sin ambas cosas.

La variable más significativa al responder estas preguntas es si estamos mirando a Jesús o no. Cuando él es lo más importante en nuestra mente y corazón, es decir, cuando él es más grande y mejor que nuestros deseos más profundos, que recibir respuesta a nuestras oraciones y que descubrir la voluntad de Dios, solo entonces, Jesús nos alineará con los latidos de su corazón. Cuando contemplamos su gloria y lo seguimos por encima de todo lo demás, somos transformados a su imagen sin siquiera estar conscientes de ello. Llegamos a ser como cualquier cosa que amemos, de modo que, si Cristo es nuestro amor más grande, no solo en teoría, sino en la conciencia diaria, llegamos a ser como él. Y a medida que lo amamos, oímos, oramos, caminamos y hablamos como él lo hace. Así como él es el resplandor del Padre, nosotros también reflejamos el resplandor de Dios. No tenemos que preocuparnos por estar equivocados cuando nuestra pasión más grande es conocer a Jesús.

Cuando Jesús llega a ser y sigue siendo el foco de nuestra atención, muchas otras cosas de la vida encajan y muchas de las dudas espirituales se resuelven. Quizás no sabemos exactamente cómo ocurre eso, pero ocurre. Nuestra perspectiva cambia. Incluso nuestras preguntas cambian. Y las incertidumbres en cuanto a nuestra relación con Dios comienzan a desvanecerse.

> *Jesús, que mi mirada nunca se aleje de ti. Muéstrame tu gloria. Impárteme tu naturaleza. Implanta los latidos de tu corazón dentro de mí. Sé mi pasión más genuina y profunda.*

Yo estaba en el Espíritu en el día del Señor, y oí...

APOCALIPSIS 1:10, RVR60

¿Qué quiso decir Juan con estar «en el Espíritu en el día del Señor»? ¿Hablaba de un día de la semana en particular? Probablemente no; la frase «el día del Señor» casi siempre se usa en las Escrituras para referirse a juicio y nunca se usa para referirse al día de descanso. ¿Y qué quiere decir con estar «en el Espíritu»? ¿Está en una visión o trance que lo lleva al tiempo en el que ve el cielo abierto? ¿O simplemente está en sincronía y en completa comunión con el Espíritu? Independientemente de estos detalles, podemos sacar algunas conclusiones bastante claras: Juan estaba en alguna clase de profundo estado de ánimo devocional o de adoración, cuando oyó al Señor hablar.

¿Quiere decir eso que siempre tenemos que estar en algún estado de meditación para escuchar la voz de Dios? Por supuesto que no. Después de todo, hay algunos aspectos más bien excepcionales en las visiones de Apocalipsis; no es exactamente un patrón a seguir. Sin embargo, sí señala una dinámica que ocurre con frecuencia en las Escrituras. Una relación con Dios bien cultivada, significativa y de adoración crea un ambiente en el que estamos mucho más propensos a oírlo hablar. A veces, él llega a quienes no lo esperan, Moisés y Pablo son ejemplos notables, pero más a menudo se acerca a aquellas personas que se han acercado a él. Así como reconocemos las voces de aquellas personas con quienes pasamos más tiempo, así reconoceremos la voz de Dios a medida que pasamos suficiente tiempo con él. Lo que comienza como un susurro se convierte en un grito, si estamos en comunión íntima con el Espíritu Santo.

Eso debería motivarnos a acercarnos en adoración, en oración e incluso en el simple descanso ante su presencia. El tiempo nunca se invierte mejor que cuando lo dedicamos a la comunión con el Espíritu de Dios. Ahí es donde las relaciones se profundizan, y en las relaciones profundas es donde a él le encanta hablar.

Espíritu Santo, me ofrezco a ti, para estar «en» ti,
cualquier día, y para oír cualquier cosa que quieras decir.
Llévame a la intimidad de relación
que te hace querer compartir tu corazón.

[Jesús dijo:] «Miren, les he dado autoridad sobre todos los poderes del enemigo;

pueden caminar entre serpientes y escorpiones y aplastarlos».

LUCAS 10:19

Nuestro corazón tiene hambre de la verdad, tanta hambre, de hecho, que debemos tener cuidado de no consumir mentiras. Nuestros oídos están abiertos a Dios, pero también oyen otros mensajes. Percibimos palabras y pensamientos que producen miedo, desánimo, depresión, confusión, duda y toda clase de emociones y actitudes destructivas. Esos mensajes son ya bastante engañosos, pero hay falsificaciones más sutiles que eso, mensajes que prometen lo que Dios no ha prometido, que nos ofrecen lo que es bueno en lugar de lo que es mejor, o que prometen cumplir de maneras corruptas los sueños decretados por Dios. Dios habla verdades exclusivas en nuestra vida, aun así, las contradicciones son casi ilimitadas.

Un aspecto necesario de oír la verdad es rehusarse a oír mentiras. Aceptar la voz de Dios es rechazar las demás voces. No tenemos que ser víctimas de mensajes falsos. Dios nos ha dado autoridad por encima de los engaños del enemigo, e incluso de los engaños de nuestro propio corazón. Cuando nos rehusamos a alimentarlos con nuestros propios prejuicios e inclinaciones, y llegamos a ser despiadados con cualquier pensamiento que no esté sometido a Cristo, los engaños comienzan a derrumbarse y la verdad no lo hace. El discernimiento resulta mucho más fácil cuando la verdad es la última palabra que queda de pie.

Ore por discernimiento con autoridad. No lo haga con timidez. Desde el momento en que Dios pone su foco de atención en un mensaje engañoso, rehúsese a considerarlo. Someta cada pensamiento a Cristo, y destruya las filosofías y planes, e incluso actitudes sutiles que no se ajustan al carácter o propósitos de Cristo. Pisotee cualquier indicio de guía que entre en conflicto con lo que Dios ya ha revelado. Siga incansablemente los sueños y el llamado que él ha puesto en usted. Si son los sueños de él, deben cumplirse a la manera de él. Cualquier palabra tentadora que sea contradictoria a su voz es digna de ser aplastada.

Señor, si me das el discernimiento para reconocer las falsificaciones, seré despiadado con ellas. Los mensajes falsos no echarán raíces en mi corazón. Establece en mí solamente tus palabras, y permíteme vivirlas sin transigir.

DÍA 63

Su salvación llegará como el amanecer, y sus heridas sanarán con rapidez;

su justicia los guiará hacia adelante y atrás los protegerá la gloria del SEÑOR.

ISAÍAS 58:8

Del corazón de Dios

«Has esperado la solución a los problemas de tu vida y el cumplimiento de tus anhelos profundos. Has buscado mi voluntad en cuanto a estos asuntos y te he dado alguna guía tocante a ellos. Pero tu enfoque en las cosas que te conciernen te ha cegado a algunas de las otras cosas que te he dicho. Si amplías el rango de tu oído, y sigues las instrucciones que no se aplican específicamente a aquello en lo que te enfocas ahora mismo, las soluciones y cumplimientos vendrán. Cuando aprendas el arte de enfocar tus oraciones y actividades en las necesidades de otras personas y no en las propias, mirarás hacia atrás y descubrirás que doy ayuda inusual a aquello que te concierne. Quitar la atención de tus necesidades atrae mi atención a ellas.

»Algunas veces me buscas por respuestas, en tanto que yo también te busco por respuestas. Ambos preguntamos: "¿Por qué no haces algo?" Cuando me respondas a lo que te he dicho, te responderé a lo que me has pedido. Eso no quiere decir que espero tu perfección, por supuesto. Espero que la inclinación de tu corazón cambie. Dirige tus pasos hacia el camino correcto y yo apresuraré tus pasos y correré hacia ti.

»Esa es una de las prácticas más difíciles que debes desarrollar, pero es la que me impulsa a traer tu salvación como el amanecer. Como el centinela que espera la mañana, has buscado mi ayuda. Y puedo asegurarte que la ayuda llegará, pero no porque te obsesiones con tus anhelos. Llegará porque has puesto atención a los míos. Demostraré mi poder hacia aquellas personas que demuestran su amor por mí».

Señor, desesperadamente anhelo que mi salvación venga como el amanecer. Tengo heridas grandes y necesidades intensas que demandan sanidad y resolución. Dame un corazón que se interese por el mundo en general, pero, por favor, reconstruye mi pequeño rincón del mismo.

[El Señor] me dijo: «Profetiza sobre estos huesos, y diles:

"¡Huesos secos, escuchen la palabra del SEÑOR!"».

EZEQUIEL 37:4, NVI

$\mathcal{D}$ios le dio a Ezequiel una visión de un valle lleno de huesos. No los huesos de los que acababan de fallecer, sino huesos secos. En otras palabras, esos huesos estaban muy lejos de cualquier indicio de vida. Aun así, Dios le dice a Ezequiel que profetice a los huesos para ordenarles que oigan la palabra de Dios. El profeta pronuncia vida y aliento en ellos.

¿Por qué necesitaría el Dios vivo que un humano les ordenara a los huesos que escucharan su voz? ¿No puede Dios hacer oír su voz a cualquiera o cualquier cosa que él quiera? Claro que puede hacerlo, pero él nos da una lección objetiva con esta visión. Dios implementa su voluntad por medio de la colaboración con su pueblo. Es muy raro que haga algo que concierna a los asuntos humanos sin hacer que un vocero humano ore por eso o lo exprese verbalmente. Aparentemente, Dios toma en serio la comisión que asignó a la humanidad en Génesis: que gobierne la tierra. Y, al parecer, hay un indicio en el comentario de Amós de que Dios no hace nada sin decírselo a sus profetas (Amós 3:7).

Cuando Dios quiere intervenir en la tierra, se asocia con alguien que escuche sus palabras, responda a ellas y las comunique.

No entendemos por completo la función que tenemos al declarar la voluntad de Dios, pero sabemos que somos llamados a hacerlo. Nuestras palabras tienen poder; el universo de Dios se ha programado de esa manera. Lo que decimos tiene un efecto práctico y espiritual en el curso de los acontecimientos. Nuestras palabras dan forma a nuestra vida, a la vida de las personas que nos rodean y al ambiente en el que vivimos. Y, cuando nuestras palabras se alinean con lo que Dios nos ha dicho, podemos cambiar el curso de la historia. Su voluntad se cumple a través de ellas. Hasta los huesos secos cobran vida con el sonido de una voz humana que está en armonía con Dios.

Señor, dime qué decir. Inspira mis palabras
y da vida a las cosas que declaro. Cuando tú me motives,
pronunciaré vida a las situaciones muertas,
verdad a las circunstancias engañosas y posibilidad a las imposibilidades,
y luego veré actuar a tu Espíritu. Que mi voz se alinee con la tuya
y logre cosas grandes para tu reino.

DÍA 65

Una vez más David le preguntó a Dios qué debía hacer. «No los ataques de frente —le contestó Dios—. En cambio, rodéalos y, cerca de los álamos, atácalos por la retaguardia».

1 Crónicas 14:14

David acababa de tener la victoria sobre los filisteos al obtener el permiso y la guía de Dios. Por lo que, cuando los filisteos volvieron a atacar, David simplemente podría haber supuesto que la guía previa de Dios todavía se podía aplicar. Pero David fue lo suficientemente sabio como para saber que la dirección de Dios varía de una ocasión a otra y de una situación a otra, por lo que volvió a preguntar. Esta vez, Dios lo guio muy específicamente a tomar un rumbo distinto. Las instrucciones de ayer no son suficientes para hoy.

Tenemos que vivir de acuerdo a esa verdad. La naturaleza de Dios nunca cambia, por lo que, cualesquiera instrucciones que nos dé con base en su carácter siempre se aplicarán. Pero sus métodos a menudo cambian, así que tenemos que pedirle, repetidas veces, la guía específica. Él ganó una batalla al hacer que su pueblo caminara alrededor de una ciudad, ganó otra al reducir un ejército a trescientos hombres, y ganó esta al dar señales a su pueblo con el sonido de pies que marchaban en los árboles. Todos esos métodos fueron estrategias de una sola vez, nunca se repitieron en la historia bíblica, incluso en situaciones similares. Dios se rehúsa a dejarnos vivir exclusivamente de acuerdo a principios. Debemos mantenernos en relación estrecha con él, con nuestros oídos abiertos, para saber qué hacer.

Independientemente de lo que enfrente hoy, escuche a Dios para conocer el acercamiento correcto. Los métodos de ayer pueden o no pueden ser el deseo de Dios para usted hoy. Usted se halla en circunstancias únicas, y necesita una guía que sea única. Los preceptos y principios no son suficientes; así como es necesario comer fresco el pan diario, la voz de Dios es su alimento de cada día. Pídale palabra fresca, y escuche con atención su guía en cada paso del camino. Él hablará específicamente a su necesidad.

Señor, ¿qué debo hacer? No tengo sabiduría suficiente
para las demandas de este día, pero tú sí,
así que mis ojos están en ti. Desesperadamente necesito tu guía.
Por favor, manifiéstala con claridad.

Puse centinelas sobre ustedes, que dijeron: «Estén atentos al sonido de alarma».

Pero ustedes respondieron: «¡No! ¡No prestaremos atención!».

JEREMÍAS 6:17

*T*anto Dios como Jeremías estaban frustrados. Jeremías lamentaba que nadie escuchaba cuando él hablaba (Jeremías 6:10). Su mensaje no era popular. Ahora Dios afirma el lamento de Jeremías. Aunque él había asignado vigilantes (profetas) entre su pueblo, el pueblo había cerrado sus oídos y determinado no prestar atención. Estaban abiertos solamente a ciertos mensajes, asuntos que querían escuchar y que resultaron ser falsos. Se perdieron la voz de Dios porque la descartaron.

El obstáculo número uno para escuchar a Dios es un corazón insensible. Aquellas personas que pidan, busquen y llamen a la puerta recibirán, encontrarán y pasarán por puertas abiertas; pero vivimos en un mundo lleno de personas que establecen sus propios planes y no piden escuchar a Dios. Incluso el mismo pueblo de Dios lo había dejado a él fuera en la época de Jeremías, así como en muchas otras etapas de su historia, y no quería oírlo. Ignoraron advertencias, escucharon adulaciones y se aferraron a sus propios intereses. Eligieron la sordera espiritual.

Acérquese a Dios siempre con la disposición de oír exactamente lo opuesto a lo que quiere oír. No tiene que acercarse a él con esa expectativa; en general, él es mucho más favorable que eso. Pero hay una enorme diferencia entre la expectativa y la apertura, y, aunque esperamos una afirmación de parte de él, tenemos que estar abiertos a escuchar corrección o guía que va en contra de nuestros deseos superficiales. Escuchar a Dios selectivamente tiende a cultivar la sordera espiritual; cuando nos rehusamos a escuchar en determinada área, también limitamos nuestro oído para otras áreas. Pero, cuando nos abrimos a cualquier asunto que Dios quiera decirnos, él puede decir cualquier cosa. Cuando él tiene nuestra atención, es mucho más generoso para darnos la suya.

> *Señor, hay cosas que no quiero que me digas,*
> *cosas que no se ajustan a mis sueños y deseos, aun así,*
> *si son tu voluntad, necesito oírlas. Mis oídos están abiertos*
> *incluso a tu corrección. Te presto toda mi atención.*

DÍA 67

La palabra de Dios es viva y poderosa.

HEBREOS 4:12

*D*ios sopló sus palabras a través de seres humanos. Eso es lo que significa *inspiró*: «sopló en». La Biblia es una mezcla misteriosa de lo divino y lo humano: lo divino guio los pensamientos y las expresiones de los humanos que se encontraron con él y hablaron y escribieron lo que experimentaron y aprendieron. Cuando se escribió la Palabra, fue bajo la guía y supervisión específica del Espíritu Santo.

La Palabra también es inspirada cuando se lee y escucha hoy en día. La actividad del Espíritu no terminó una vez que las palabras se escribieron sobre los rollos antiguos. Él actúa incluso ahora, y hace que mensajes específicos salten de las páginas hacia nuestro corazón, y provoca que nuestra mente se enfrente con la verdad y batalle con ella, animando nuestro corazón a creer y crecer, e impartiendo verdad y sabiduría a nuestro espíritu. Sí, es posible leer las Escrituras puramente con la mente, con pensamientos humanos, con escepticismo y motivos que filtran las palabras al punto de disminuir su poder. Pero cuando nuestro espíritu está abierto, la voz de la Palabra cobra vida. Las Escrituras todavía hablan.

Con frecuencia, nos esforzamos por escuchar la voz de Dios en tanto que nuestra Biblia se deteriora en el estante, esperando soplar en nosotros las palabras de Dios. Y, aunque él habla a través de una multitud de mensajeros, oímos mejor cuando las Escrituras son una parte integral de nuestro proceso de escuchar. La Palabra es punto de referencia necesario para todo lo demás que oímos. Cuando olvidamos eso, es probable que obtengamos mensajes distorsionados de fuentes falsas. Pero, cuando nos alimentamos de la Biblia, que todavía está muy viva y es muy poderosa, la voz de Dios hierve a fuego lento y se agita dentro de nosotros. Él nos llena de verdad.

No simplemente lea la Biblia. Satúrese de ella. Saboréela. Permita que le dé forma a su corazón, mente y espíritu. Cuando lo haga, ella abrirá sus oídos.

Espíritu Santo, sopla tus palabras en mí.
No me enseñes tu verdad solamente; lléname de ella.
Permite que me dé forma en todo sentido,
para que pueda escuchar tu voz en ella,
a través de ella y con la luz de ella.

Guíame [...y] dirígeme por amor a tu nombre

SALMO 31:3, NVI

 $\mathcal{E}$ l pastor había percibido una transición que se avecinaba a su iglesia. Pero no sabía que la transición vendría por su salida. No tenía la intención de irse, hasta que Dios comenzó a plantear el asunto en su corazón. Preguntó si escuchaba bien, pero le resultaba difícil creer la indicación. Luego, un amigo de otra ciudad le envió un mensaje de texto para decirle que percibía que Dios estaba a punto de trasladarlo. Y, cuando viajó a otro país por el compromiso de una conferencia, el pastor anfitrión le dijo: «Veo que Dios le da una vía de salida que usted debe tomar». Otro líder de la ciudad siguiente le dio esencialmente el mismo mensaje. Ninguna de esas personas había escuchado del otro, o del pastor, acerca de ese período de transición. Simplemente lo habían percibido del Espíritu de Dios. La convergencia del mensaje confirmó la palabra sorprendente que Dios venía diciéndole.

Lo típico es que Dios no use las palabras de otras personas para informarnos de un nuevo rumbo, pero, muy a menudo, habla a través de otras personas para confirmar un asunto por el que ya hemos estado orando. De hecho, en ocasiones nos deja batallar en silencio con una decisión, hasta que la aceptamos y decidimos, y solo entonces nos confirma lo que ya hemos entendido por fe. Él no elimina la necesidad de ejercitar fe anticipadamente; nos deja flexionar los músculos de nuestra fe hasta que está listo para apoyarnos con su afirmación. Es muy raro que el proceso sea fácil, pero es efectivo. Él nos guía con manos hábiles incluso cuando pensamos que deambulamos.

Tenga mucho cuidado cuando alguien le diga que Dios le ha dado un mensaje para usted que requerirá de un cambio significativo de rumbo. Pero, si piensa que Dios ya lo ha estado guiando hacia otro rumbo, y todavía no está seguro, no se sorprenda si él usa las palabras de otras personas para confirmarlo. Él sabe cómo guiar, y permite que otras personas sean parte del proceso.

Señor, escucho seriamente tu guía, pero tú nunca me has dicho que escuche solo. Dame palabras oportunas de otras personas, y discernimiento para saber cuándo prestarles atención.

[El Señor dijo:] «En esos días, cuando oren, los escucharé.

Si me buscan de todo corazón, podrán encontrarme».

Charles Finney tenía un encuentro de lucha libre con su propia alma para entregarle su corazón a Dios. Un domingo de 1821, decidió resolver el asunto de su salvación de una vez por todas, antes de todas las demás preocupaciones de su vida, y pasó días tratando de orar y entender la verdad del evangelio. El miércoles siguiente, cuando se dirigía a la oficina, escuchó una voz interna: *¿Qué estás esperando? ¿Estás esforzándote por ganar una justicia propia?* Inmediatamente, vio la plenitud de la expiación de Cristo. Y más adelante, cuando estaba de rodillas ante Dios, aún preocupado de que alguien lo viera, le «pareció que le había caído» un pasaje de las Escrituras en su mente, la promesa de Jeremías 29:13 de que aquellos que buscan a Dios de todo corazón lo encontrarán. Finney había prometido entregarle su corazón a Dios, y el versículo le aseguraba que su promesa podría cumplirse y su regalo sería aceptado. De repente, entendió que su fe era un asunto de la voluntad y no del intelecto. Durante los días siguientes, experimentó la presencia de Jesús y el amor de Dios de maneras profundamente personales.

Dios ha prometido que él nos hablará, especialmente a nuestro corazón que lo busca. Una vez que Finney ya había decidido resolver el asunto de su salvación, escuchó una voz interna, percibió la guía de Dios y experimentó que versículos pertinentes le venían a la mente en el momento que los necesitaba. No hubo necesidad de cuestionar si escuchaba a Dios; Dios lo estaba guiando a la salvación y a una vida de ministerio fructífero. Finney simplemente siguió lo que el Espíritu hacía en él, sumamente consciente de las cargas del pecado, y, aun así, también consciente de la libertad en Cristo que se le ofrecía. Dios le hace la misma promesa a cada alma que batalla con los asuntos de su verdad y está dispuesta a seguir el sonido de su voz.

> *Señor, que mi corazón siga las cargas, las convicciones,*
> *las alegrías, las libertades y las ideas que tú me das,*
> *con plena confianza de que tú me hablas.*

[Jesús dijo:] «Les he dado la gloria que tú me diste, para que sean uno, como nosotros somos uno. Yo estoy en ellos, y tú estás en mí. Que gocen de una unidad tan perfecta que el mundo sepa que tú me enviaste».

JUAN 17:22-23

Normalmente, la oración de Jesús por la unificación se ve como un llamado a la unidad cristiana. Cuando él dice: «para que sean uno», instintivamente agregamos la frase: «los unos con los otros». Ciertamente incluye eso, no obstante, es más. Así de fácil podemos agregar las palabras «conmigo» y entender esto como una oración por unificación con el mismo Dios. Después de todo, el resto de la oración implica algo mucho más sobrenatural y místico que a lo que estamos acostumbrados. Jesús ora para que podamos ser uno con él, de la misma manera en que él es uno con el Padre.

¿Cómo es Jesús *uno* con el Padre? En motivos, en deseos, en misión y propósito, en carácter y atributos, e incluso en sustancia. Él ya ha dejado claro eso en sus enseñanzas: «El Padre y yo somos uno», le anunció a una multitud enfurecida (Juan 10:30). Ahora, él ora por esa clase de unificación de él con *nosotros*. Es una invitación a la comunión con la Trinidad. Estamos unidos en nuestro núcleo mismo con la vida de Dios mismo.

Cuando Ezequiel y Jeremías profetizan acerca de un corazón nuevo, y Hechos describe la venida del Espíritu, y Pablo afirma que es Dios quien actúa dentro de nosotros, la imagen que captamos es mucho más que un nuevo conjunto de motivos y deseos. Es una unión interna entre nosotros y la sustancia de Dios. Los aspectos prácticos de esta unión no son inevitables, muchos cristianos viven en rebeldía o apatía, pero, definitivamente siguen disponibles para ellos. Podemos saber con toda certeza que él habita poderosamente en nosotros y que su vida en nosotros tiene implicaciones muy prácticas. Una de esas implicaciones es que la Palabra misma nos habla. Adentro. Casi constantemente. Y podemos oírla, porque es por eso que él vino.

Jesús, lleva a cabo esta unión de todas las maneras posibles.
Permíteme tener los latidos de tu corazón y respirar tu aliento.
Y que tu voz fluya a través de mí y salga de mí constantemente.

Jesús respondió a los pensamientos del fariseo:

—Simón —le dijo—, tengo algo que decirte.

LUCAS 7:40

Simón el fariseo observó a una mujer colarse en su cena y trató de decir algo importante acerca de ella. Necesitaba una perspectiva nueva, por lo que Jesús se la dio, a través de una historia. Jesús podría simplemente haberlo reprendido, o iniciado una discusión con este líder religioso estancado en sus formas religiosas; una confrontación directa habría provocado una discusión entretenida y acalorada. Pero habría sido infructuosa. ¿Cuál era el camino para llegar al corazón de Simón? Una metáfora. Una ilustración. Una historia con la que el hombre pudiera identificarse.

Con esa ilustración, Jesús hizo énfasis en que Simón había estado viendo a esta mujer con los lentes equivocados. Como solía serlo para la mayoría de expertos de la ley, el asunto más importante para Simón en esas situaciones era cómo establecer la separación entre la justicia y la pecaminosidad y, más específicamente, cómo permanecer sin mancha del pecado y pronunciarse en contra de él. Jesús le mostró la relación que había detrás del acontecimiento. La mujer no estaba allí para corromper a los invitados; estaba allí para demostrar su profunda gratitud al Salvador que la había limpiado. Su amor por Jesús era totalmente apropiado. La actitud de Simón hacia ella no lo era.

Así es como Dios nos habla a menudo, a través de historias, metáforas, ilustraciones y estudios de caso visuales. Las circunstancias de nuestra vida son, con frecuencia, mucho más que solo circunstancias; son lecciones objetivas de lo que Dios quiere que aprendamos. Él habla a través de ellas, así como le habló a Simón. ¿Por qué? Porque ese es el lenguaje que puede penetrar las barreras de nuestro corazón. Podemos entender las ilustraciones. Ellas pueden darnos una perspectiva radicalmente nueva, *si* sabemos buscar una perspectiva nueva en ellas.

Observe lo que Dios dice a través de las historias que lo rodean. ¿Enfatiza algo con ellas? ¿Arroja una luz distinta sobre un problema antiguo? ¿Le da forma nueva a sus afinidades y expectativas? Con mucha frecuencia, él lo hace. Su voz puede ser desafiante. Pero, si aceptamos sus desafíos, ellos pueden transformar nuestra vida.

> *Jesús, siéntete en la libertad de desafiarme*
> *como desafiaste a Simón. Estoy dispuesto al cambio.*
> *Te invito a que le des nueva forma a mi perspectiva,*
> *aunque me saque de mi zona de comodidad.*

[El Señor dijo:] «Cuando te dé un mensaje,

te soltaré la lengua y te dejaré hablar».

EZEQUIEL 3:27

Del corazón de Dios

«Mi Hijo les dijo a sus seguidores que no se preocuparan por lo que dirían en momentos cruciales. Mi Espíritu les daría las palabras. Eso siempre ha sido cierto para aquellas personas que están cerca de mi corazón, y siempre lo será. Al igual que los profetas y los discípulos, tú te encontrarás en circunstancias estratégicas y te darás cuenta de que las palabras fluyen con facilidad. Sonarán como tus palabras porque salen de tu boca, pero serán palabras que yo te habré de dar. Cuando necesites expresar mi verdad, soltaré tu lengua para que la proclames.

»No te sorprendas de que tu personalidad y la mía se acerquen cada vez más una a la otra. No te alarmes si te es difícil distinguir qué pensamientos son tuyos y cuáles son míos. No siempre tienes que saber la diferencia. Pide discernimiento, pero espera a que yo llene tu corazón y tu mente de mí. Has pedido que tu mente sea renovada, que tu carácter se conforme a la imagen de Cristo, y que tus acciones sean congruentes con las mías. ¿Por qué no debería transformarse también tu forma de hablar? Yo te usaré como mi portavoz y te llenaré de mi verdad.

»Para que esto ocurra, tendrás que cooperar en el proceso. Pídeme que llene tu boca de mis palabras, y luego espera que lo haga. Descansa con fe y confianza de que yo actúo dentro de ti para que expreses mi voz. No llegarás a ser infalible, pero serás inspirado. Cree que te daré mensajes para compartir con quienes te rodean. Ellos sentirán el peso de mis palabras, aun cuando no reconozcan mi voz. Y tú experimentarás el poder de mis propósitos y la alegría de ser mi mensajero».

Señor, usa mis palabras para impactar a otras personas.

Suelta mi lengua para expresar tus mensajes.

Que nunca desestime mis palabras como insignificantes.

Ellas siempre tienen el potencial de revelar tu corazón.

DÍA 73

[Dijo el Señor:] «Estoy alerta para que se cumpla mi palabra».

JEREMÍAS 1:12, NVI

*U*n sinnúmero de personas se aferra a lo que creen que es un sueño, una visión o un propósito dado por Dios, y están completamente frustradas por el tiempo que tarda en cumplirse, o por la cantidad de desvíos que han tenido que dar. Puede resultar sumamente doloroso vivir entre una promesa y su cumplimiento, preguntándose si se ha perdido, olvidado, abandonado, frustrado o tardado eternamente. A menudo, parece como si Dios hablara y luego ignorara sus palabras sin hacer nada al respecto.

Por muy frustrante que eso sea, para Dios es normal. Le dio sueños a José, y luego le llevó largos años y un camino muy sinuoso para concretarlos. Ungió a David como rey y luego permitió que se le presentaran obstáculos en su camino al trono por un tiempo confusamente extenso. Abraham, Moisés, Caleb y Josué, los cautivos de Babilonia, todos ellos esperaron mucho más de lo que anticiparon. Dios tiene una tendencia confusa de hablar mucho antes de lo que planifica cumplir.

Incluso mientras esperamos, Dios trabaja tras bambalinas. Y durante el proceso, nuestra fe aparentemente se estira más allá de su límite, aunque, al final, nos damos cuenta de que ha resistido. Batallamos con Dios, hacemos muchas preguntas, clamamos con desesperación y ejercitamos más músculos espirituales de los que creíamos que teníamos. Y es terriblemente incómodo. Pero es necesario. Así es como Dios desarrolla a su pueblo y lo prepara para cargar el peso de su llamado.

No pierda la confianza en las cosas que Dios ha dicho. Puede parecer que él se ha olvidado de ellas o ha elegido otro rumbo, pero no lo ha hecho. Él tuvo suficiente visión para decir solamente lo que tenía intención de lograr. Si él lo ha dicho, él actuará con base en ello. Él está alerta para que se cumplan sus palabras.

> *Señor, no entiendo por qué tu proceso tarda tanto, ni por qué el camino es tan indirecto. Pero confío en ti. Sé que tus palabras son verdaderas, incluso años después de que las has dicho. Decido aferrarme a ellas con fe.*

No te apartes de ninguno de los mandatos que te entrego hoy,

ni sigas a otros dioses ni les rindas culto.

DEUTERONOMIO 28:14

*M*uchas religiones buscan darle forma a la conducta. Hacen énfasis en el resultado externo. En nuestra relación con Dios, los motivos son importantes, aún más que nuestras acciones externas. Es cierto que gran parte de las Escrituras da instrucciones en cuanto a qué hacer, pero nunca dejando aparte el contexto de nuestro Dios amoroso y de que somos amados por él. La relación, no la conducta, es la prioridad. Todas nuestras acciones deberían fluir de esa relación.

En Deuteronomio, al pueblo de Dios se le enseña repetidamente que permanezca cerca de los mandamientos de Dios y que se rehúse a alejarse de ellos. Pero algunos versículos no se detienen allí; nos dan vistazos del deseo más profundo de Dios. Él no busca a un pueblo que simplemente siga órdenes. Busca a un pueblo que lo ame y responda a él llegando a ser como él en naturaleza. Tanto la obediencia como la desobediencia son asuntos del corazón, no de autodisciplina. Una y otra vez, atender sus instrucciones se yuxtapone con la alternativa de seguir a otros dioses y adorarlos. No simplemente seguimos sus palabras; lo seguimos a *él*. No solo estamos comprometidos con él; le damos nuestro amor. Él no solo es nuestro Dios; es nuestro *único* Dios. Ese es el único contexto en el que escuchar la voz de Dios va a ser fructífero o satisfactorio. Cualquier cosa menos que eso es simplemente religión estancada.

Por esa razón, es vital responder con diligencia a las palabras que Dios ha hablado. Todo tiene que ver con una relación y su deseo celoso de nuestro amor. Hay consecuencias, no es accidental que se haga énfasis en instrucciones como estas en Deuteronomio 28–29, donde se presentan gráficamente las bendiciones de la obediencia y las maldiciones de la desobediencia, por lo que es para nuestro beneficio escuchar atentamente. Pero nuestro motivo más profundo es amar a Dios con todo nuestro corazón. Con Dios, los motivos siempre son importantes.

> *Padre, yo te amo; ayúdame a amarte más.*
> *Me va bien siguiendo tus palabras, pero que siempre lo haga*
> *para agradarte. Que mi corazón siempre esté motivado*
> *por la pasión por ti.*

[La serpiente] le preguntó a la mujer:

«¿De veras Dios les dijo…?».

GÉNESIS 3:1

«Señor, enséñame algo acerca de ti que yo no sepa ya». Como a veces ocurre, la respuesta de Dios me llegó a través de una circunstancia desagradable. Un calumniador estaba dando una imagen falsa de mí, e incluso algunas personas que en otro tiempo me habían respetado comenzaban a formarse una falsa impresión. Yo estaba indignado, por supuesto. La mayoría de nosotros nos ofendemos cuando nuestro orgullo se ve dañado por cualquier razón, en especial por una que es falsa. No reaccioné bien. Pero no había nada que pudiera hacer para detener las calumnias. Todo lo que podía hacer era seguir siendo yo mismo y confiar en que las personas que me conocían bien sabrían la verdad.

Durante esa época dolorosa, un pensamiento alarmante me impactó: *Todos los días, millones de veces, se da una falsa imagen de Dios.* A veces, las mentiras influyen incluso en la gente que debería conocerlo y amarlo bien. El Acusador susurra pensamientos difamatorios en contra de Dios casi de manera constante. El amor de aquel cuyo amor es más alto, más largo, más profundo y más ancho de lo que podemos imaginar es cuestionado todo el tiempo por millones que piensan que él es indiferente o que no está allí. El mundo vive con desconfianza de la bondad de Dios, porque un estafador ha dado una imagen falsa de él por miles de años.

Eso debe entristecer el corazón de Dios en lo más profundo. Él nos creó para que lo conozcamos, para que lo amemos y para que derramemos su amor en otras personas. Aun así, su relación con nosotros enfrenta una interferencia constante; y a menos que nos aferremos incansablemente a lo que sabemos que es cierto, la interferencia resulta efectiva. Pasamos gran parte de nuestra vida en una batalla para confiar en la bondad de Dios. Pero, si viéramos con claridad, la confianza nunca sería un problema.

Dios nos muestra la verdad en las palabras de las Escrituras, así que ya la sabemos. Pero el mensaje penetra en nuestro corazón mucho más profundamente cuando nos da una muestra de lo que él experimenta. Él mueve nuestro corazón para que entendamos cómo se mueve su corazón.

> *Señor, te invito a mover mi corazón*
> *en cualquier momento para sincronizarlo*
> *con el tuyo. Necesito conectarme contigo.*
> *Solamente tu voz, tus expresiones y tu revelación*
> *pueden lograr eso. Dame una idea de quién eres.*

[Jesús dijo:] «El corazón de este pueblo está endurecido,

y sus oídos no pueden oír, y han cerrado los ojos, así que sus ojos no pueden ver,

y sus oídos no pueden oír, y su corazón no puede entender,

y no pueden volver a mí para que yo los sane».

MATEO 13:15

*E*l corazón endurecido es el enemigo de la voz de Dios y un peligro espiritual aterrador. Dios está perfectamente dispuesto a corregir el corazón equivocado, a darle sabiduría al corazón sencillo, a persuadir al corazón reacio y a despertar al corazón dormido. Pero el corazón endurecido requiere que se le suavice, y eso por lo general toma tiempo. Dios no se impone en el espíritu del corazón insensible. Él llama y busca, a menudo de manera persuasiva e irresistible, pero no exige. Busca una respuesta amorosa, no una obligada. Los corazones que se han enfriado e insensibilizado lo mantienen lejos de manera efectiva, y él lo permite.

Ese endurecimiento no siempre es una decisión consciente. De hecho, no suele serlo. Poco a poco, podemos insensibilizar- nos contra cualquier obra que Dios esté haciendo en nuestra vida, enfriándonos lenta e imperceptiblemente a sus propuestas. Justificamos, racionalizamos y nos inventamos abundantes explicaciones, muchas de las cuales pueden incluso sonar espirituales, para depender de nuestra propia sabiduría y tomar nuestras propias decisiones. Pero todas ellas crean distancia entre nosotros y Dios. Con el tiempo, nuestro corazón se endurece y nuestros oídos se olvidan de cómo escuchar. Llegamos a estar espiritualmente desanimados.

Cueste lo que cueste, desarrolle su sensibilidad hacia Dios y susurros de él en su vida. Pídale que lo sintonice al sonido de su voz. No espere que él sacuda los cimientos de su vida para obtener su atención. Dele toda su atención todos los días. Devore las Escrituras, esté atento a sus palabras y busque las maneras de aplicarlas. Permita que el ablandamiento de su corazón lo lleve a la presencia nutritiva, sanadora y fortalecedora de Dios.

Señor, ¿se ha insensibilizado mi corazón? ¿Te he descartado?

Es difícil reconocer la dureza en mí mismo, y necesito saberlo.

En cualquier área de mi vida que halles insensibilidad,

suavízame. Acércame a ti. Obtén mi atención

y sostenla. Eleva mis sentidos espirituales

para que perciba hasta tu susurro más leve.

La lluvia y la nieve descienden de los cielos y quedan en el suelo para regar

la tierra. Hacen crecer el grano, y producen semillas para el agricultor y pan

para el hambriento. Lo mismo sucede con mi palabra. La envío y siempre

produce fruto; logrará todo lo que yo quiero, y prosperará en todos

los lugares donde yo la envíe.

ISAÍAS 55:10-11

*A*lgunas personas hablamos con bajas expectativas de que les presten atención a nuestras palabras. Los padres dan instrucciones, a veces reiteradamente, sabiendo que sus hijos pueden olvidarlas o decidir ignorarlas. La gente habla de sus sueños futuros sin mucha confianza de que lleguen a concretarse. Los consejeros aconsejan, y se dan cuenta de que solamente algunas veces se seguirá su consejo. Para muchos de nosotros, las palabras son solo palabras.

El resultado es una cultura de lenguaje en la que el lamento frecuente es «mucho se habla y no se hace nada». Les decimos a las personas que las palabras sin obras no valen y describimos su inacción y promesas vacías como «solo palabras». Pero, cuando se trata de Dios, no existe el «solo» en cuanto a sus palabras. Sus palabras son prácticamente hechos. Como semillas que se plantan en tierra fértil, producirán una cosecha. Cuando él emite una orden, se llevará a cabo. Cuando él da una promesa, se cumplirá. Cuando él declara sus propósitos, se llevarán a cabo. Como lo dicen algunas versiones de este pasaje, la Palabra de Dios no regresará vacía. Tendrá como resultado lo que él quiere que ella produzca.

Comprenda que escuchar la voz de Dios es un asunto de peso. Él no solo sugiere una opción; declara su verdad. No podemos permitirnos escucharlo simplemente por curiosidad. Debemos escucharlo con una resolución sagrada de alinearnos a sus palabras. Si son instrucciones, las llevaremos a cabo. Si son promesas, las creeremos. Si son ánimo o corrección, lo aceptaremos. Cualquier cosa que él diga, es verdad. Su Palabra no volverá a él sin cumplir su propósito.

Señor, si toda la creación atiende a tu voz, yo también debo hacerlo. Permite que la distancia que hay entre mis oídos y mis acciones se acorte. Respondo con un sí a cualquier palabra que me digas.

[Moisés le dijo a Dios:] «Si es cierto que me miras con buenos ojos,

permíteme conocer tus caminos, para que pueda comprenderte

más a fondo y siga gozando de tu favor».

ÉXODO 33:13

«Si eso es cierto...». Nuestra conciencia teológica podría estremecerse ante esa introducción, ya que parece cuestionar la palabra de Dios. Después de todo, Dios ya le ha dejado claro su favor a Moisés. Él había elegido a Moisés, lo había llamado, lo había usado para sacar a los israelitas de Egipto, lo había librado milagrosamente de la ira de los israelitas impacientes y de un faraón vengador, y le había dado revelación sin precedentes en la cima del monte Sinaí. El favor de Dios para con Moisés era claramente incuestionable. No obstante, Moisés lo cuestionó.

Según parece, a pesar de toda la revelación que Dios le había dado, Moisés no sentía que sabía lo suficiente acerca de los caminos de Dios para seguir complaciéndolo. Había visto mezclas del poder de Dios, su amor y su ira, y Moisés todavía trataba de comprender los acontecimientos extraños de la historia reciente. Dios ya había hablado con él cara a cara, ya lo había guiado por toda clase de desafíos, y ya le había revelado muchas leyes y expectativas para su pueblo del pacto. Con todo eso, el corazón de este Dios seguía siendo inalcanzable para él.

Podemos saber con seguridad que nunca llegaremos a la posición de saber todo lo que hay que saber de Dios. Siempre podremos profundizar más, ver nuevas facetas de su naturaleza y esperar lo inesperado. Nunca entenderemos por completo quién es él. Pero podemos *confiar* en lo que él es y saber que será confiable. Cuando exploremos su naturaleza, llegaremos a conocerlo mejor. Pero nunca seremos capaces de definirlo.

Es por eso que, en su oración, Moisés no ignora insensiblemente lo que Dios ya ha hecho por él. No importa cuánto hayamos visto y escuchado, tenemos razón al pedir ver y escuchar más. Y así como lo hizo con Moisés, Dios honrará esa petición con una respuesta.

Señor, si es cierto que me miras con buenos ojos, y has dejado claro por medio de tu Hijo que lo haces, muéstrame más. Guíame en la aventura de conocerte más completamente cada día.

Un ángel del Señor le dijo: «Ve al sur por el camino del desierto». [...]

Entonces él emprendió su viaje y se encontró con el tesorero de Etiopía. [...]

El Espíritu Santo le dijo a Felipe: «Acércate y camina junto al carruaje».

Felipe se acercó corriendo y oyó que el hombre leía al profeta Isaías. [...]

Comenzando con esa misma porción de la Escritura, Felipe le habló de la

Buena Noticia acerca de Jesús.

Hechos 8:26-27, 29-30, 35

*F*elipe realizaba un ministerio fructífero en Samaria cuando un ángel le dio instrucciones para que se fuera a un remoto camino del desierto, a lo largo del Mediterráneo en Gaza. Cuando Felipe estaba allí, el Espíritu Santo le habló de un viajero etíope con el que se encontró. El etíope leía las Escrituras. Y entonces Felipe le habló del mensaje de Dios. Aquí, en el espacio de unos pocos versículos breves, podemos observar varios canales de la voz de Dios, y podríamos preguntarnos por qué.

¿Por qué Dios le envió un ángel a Felipe, en lugar de simplemente hablarle por medio del Espíritu o de la Palabra? En el camino del desierto, ¿por qué Dios le habló a través del Espíritu

Santo y no otra vez a través del ángel? ¿Por qué no envió Dios un ángel directamente al etíope o le habló a través del Espíritu? Si el hombre ya estaba leyendo una porción de la Biblia centrada en Cristo, ¿por qué se necesitaba a Felipe, en todo caso? Claramente, Dios estaba hablando en muchos niveles, no solo en uno, por alguna razón.

A lo mejor, para una orden tan inesperada, Felipe necesitaba un encuentro sorprendente, no solo una voz sutil e interna, por lo que Dios envió a un ángel. Una vez que la situación estuvo clara, el Espíritu pudo impulsar a Felipe en silencio. En cualquier caso, solo las Escrituras no eran lo suficientemente específicas para enviar a Felipe a Gaza, y él necesitaba revelación detallada en cuanto a qué hacer allí. Aun así, las Escrituras fueron el vehículo perfecto de revelación para el etíope, aunque él todavía necesitaba un mensajero humano que se las explicara. Queda claro, la voz de Dios es variada, y el mensajero apropiado en un momento quizás no sea el mensajero apropiado en otro. Felipe se sintonizó en todos los niveles, y la Buena Noticia se llevó al continente africano.

> *Señor, perdóname por las maneras en las que he limitado mi escucha a una o dos expresiones de tu voz. Habla desde todos los ángulos. Estoy ampliando mi recepción para escucharte en todas partes.*

DÍA 80

[El] padre y [la] madre [de Sansón] no se daban cuenta de que el SEÑOR

estaba obrando en todo esto, con el fin de crear una oportunidad para actuar

contra los filisteos, que en ese tiempo gobernaban a Israel.

JUECES 14:4

Lo hemos oído una y otra vez: «Dios nunca te guiará de alguna manera que contradiga lo que ha revelado en su Palabra». Por lo que, para nosotros es un verdadero misterio cuando nos topamos con relatos en las Escrituras, en los que Dios guía a alguien de maneras que parecen contrarias a la revelación que él ya ha dado. Vemos que Sansón desafía las órdenes de Dios de no casarse con las mujeres de esa tierra (Deuteronomio 7:3; Josué 23:12-13), pero, cuando sus padres protestan, las Escrituras nos dicen que ellos no sabían que Dios estaba en eso. Vemos en Proverbios algunas prohibiciones sumamente severas en cuanto a acercarse a una prostituta, aun así, Dios guía a Oseas a casarse con una (Oseas 1:2). Y aunque la revelación de la ley todavía no se había dado, sabemos que Dios, en su misma naturaleza, aborrece el sacrificio de niños y lo repite muy a menudo. No obstante, le ordena a Abraham que lleve a su hijo a una montaña y lo sacrifique, no a un ídolo sino al mismo Dios. En ese momento, habríamos discutido enfáticamente con todas estas personas que *no* estaban escuchando la voz de Dios. Pero sí lo escuchaban.

Dios no se contradice a sí mismo, pero también tiene una guía específica que puede no ser uniforme para todos. Él no desafía su propia naturaleza, pero a veces nosotros definimos su naturaleza con demasiada estrechez y la reducimos a reglas que él mismo ha dado. ¿Significa eso que todo vale? Por supuesto que no. Pero Dios nunca nos llamará a una relación basada solamente en principios. No podemos simplemente leer su Palabra, descifrarla con nuestra mente y decir que lo hemos escuchado. Estamos en una relación con él, y debemos escuchar su voz como una realidad viva y dinámica. Eso nos exige de más, e incluso nos frustra en ocasiones, pero lleva a una conexión del corazón que va más allá de las palabras de una página. Nos lleva a estar cara a cara con Dios.

> *Padre, yo quiero eso, estar cara a cara contigo, realmente escuchar tu voz y no solo razonar por mi cuenta.*
> *Por favor, guíame en tus caminos.*

DÍA 81

Su luz resplandecerá desde la oscuridad,

y la oscuridad que los rodea será tan radiante como el mediodía.

ISAÍAS 58:10

«¿Sabes por qué te creé? ¿Entiendes tu propósito? Has tenido vistazos de él. Tus confesiones han captado algunas de sus partes. Fuiste diseñado para glorificarme, y eso implica que me sirvas y me ames apropiadamente. Mi Hijo afirmó que los mandamientos más importantes son amarme con todo lo que hay en ti y amar a los demás como a ti mismo. Todo eso es cierto, pero mi Palabra nunca dice que estos mandamientos lo abarquen todo. Solamente señalan realidades más grandes. Tú no has visto el cuadro completo. Tus palabras pueden describir mis deseos para ti, pero no pueden captarlos por completo. Solamente has comenzado a entender.

»Yo te hice a mi imagen para que puedas relacionarte conmigo a los niveles más íntimos, *y* que de esta manera puedas encarnar mi naturaleza y brillar con mi gloria. La oración de mi Hijo para que compartas mi gloria me dio gran alegría. Ese es mi deseo. Quiero que estés cubierto de mi presencia, eso es lo que significa "ungir", y que estés saturado de mi resplandor. Una vez insistí en que no comparto mi gloria con nadie, pero hablaba de dioses falsos y seres humanos llenos de orgullo. Sí comparto mi gloria con mis hijos. Quiero que ellos, todos ustedes, emanen el resplandor, el brillo, la evidencia de lo que yo soy.

»Si mi voz alguna vez suena exigente, esta es la razón. No se debe a que yo quiera tener estándares tan altos que no los alcances; quiero que te eleves más alto y cumplas este propósito glorioso. Mi meta no es modificar tu conducta, los entrenadores de animales pueden hacer eso. Mi meta es infundir la plenitud de mi naturaleza en ti y permitirte brillar. Apenas has comenzado a imaginar hacia dónde te diriges».

Oh, Señor, ni siquiera puedo imaginarlo.
Tus propósitos para mí parecen mucho más altos
de lo que alguna vez podré alcanzar.
Solo tú puedes lograr esto, pero estoy dispuesto.
Permíteme brillar espléndidamente con tu gloria.

[Daniel dijo:] «Hay un Dios en el cielo, quien revela los secretos». [...]

El rey le dijo: «En verdad tu Dios es el más grande de todos los dioses,

es el Señor de los reyes y es quien revela los misterios,

porque tú pudiste revelar el secreto».

DANIEL 2:28, 47

El rey Nabucodonosor pasaba por una crisis a causa de un sueño, y la vida de Daniel, junto con la vida de muchos otros sabios, estaba en riesgo. Pero Daniel sabía que su Dios era más grande que la presión que ejercía la situación, más grande que el misterio del sueño del rey y más grande que el destino de las naciones. El asunto no era si Dios sabía el secreto; el asunto era si él lo compartiría con Daniel. Daniel y sus amigos le pidieron valientemente a Dios que lo revelara, y Dios respondió.

A menudo buscamos la voluntad de Dios en beneficio de nosotros mismos, y pedimos dirección y guía para nuestra vida personal. Y, en tanto que Dios, ciertamente, disfruta guiarnos y dirigirnos, a menudo tiene un cuadro mucho más amplio en mente. Él busca personas que lo escuchen para encontrar las soluciones a los problemas de la sociedad. Así como se interesó en revelar su voluntad a un rey pagano de Babilonia, le interesa revelar su voluntad a los gobiernos, a los sistemas de justicia, a los sistemas escolares, a los investigadores médicos, a los ingenieros tecnológicos, a los científicos sociales, a los artistas y animadores, los medios de comunicación, a los planificadores agrícolas, y a más. Cuando la necesidad humana clama por la respuesta de Dios, él no la retiene por algún sentido de justicia. Aprovecha la oportunidad para mostrar su gloria. Responde al hambre de los corazones humanos y acepta invitaciones a participar de las crisis humanas.

El problema es que son escasas las personas como Daniel, que sean lo suficientemente valientes como para creer que Dios querría beneficiar a la sociedad «secular», o incluso a la pagana. Pero Dios hizo precisamente eso en Babilonia, y le dio gloria a su nombre y benefició a su pueblo. Él volverá a hacerlo, si sus danieles apelan al revelador de misterios para conocer sus secretos.

Señor, tú eres el revelador de misterios,
y tú quieres que tu pueblo sea bendecido. Muéstrame tus secretos.
Dame tus soluciones a los problemas que me rodean.
Da gloria a tu nombre al demostrar tu bondad
a aquellas personas que todavía no te conocen.

[El Señor dijo:] «Pídeme y te daré a conocer secretos sorprendentes

que no conoces acerca de lo que está por venir».

JEREMÍAS 33:3

«*P*ídeme». Ese es el único prerrequisito que Dios le dio a Jeremías para escuchar su voz. De acuerdo, Jeremías había sido elegido para un propósito específico, en un tiempo particular de la historia, para revelar mensajes vitales para su pueblo, pero Jesús, esencialmente, nos dio a todo su pueblo la capacidad de oír a Dios cuando nos llenó de su Espíritu. Los profetas fueron excepciones en el Antiguo Testamento; en la era del Nuevo Testamento, son ejemplos. Dios derrama su Espíritu sobre todos los que creen, y todos recibimos algún nivel de potencial profético (Hechos 2:17-18).

«Te daré a conocer secretos sorprendentes que no conoces». Esa es la voz de un Dios que está dispuesto a compartir su corazón. Él no retiene sus misterios. Busca a personas a quienes pueda confiárselos. Busca espíritus sensibles, mensajeros fieles, almas hambrientas que lo busquen como el deseo de su corazón. Cuando los encuentra, revela profundidades de verdad que nunca hemos visto. Él da ideas e inspiración que nos acercan más a los latidos de su corazón, más de lo que alguna vez imaginamos que fuera posible. Y nos lleva a encuentros transformadores con las personas, la cultura y las instituciones que nos rodean. Sus secretos tienen el propósito de provocar olas en nuestro mundo.

«Acerca de lo que está por venir». Anhelamos vistazos del futuro. A veces, Dios nos los da. Por lo general, no nos explica con detalle el camino que tenemos enfrente, pero guía nuestros pasos, nos informa de sus propósitos más grandes, planta deseos, visión y dirección en nosotros, y nos prepara para el destino que nos ha puesto por delante. Cuando le preguntamos y nos acercamos a él, nos susurra el futuro.

Dios está emocionado en cuanto al futuro. No le tiene miedo. En el caso de Jeremías, el futuro traía corrección para el pueblo de Dios, pero también estaba lleno de esperanza. El nuestro también. Dios anhela compartir sus secretos con nosotros, si se lo pedimos.

Señor, te pido. Susúrrame tus secretos.
Prepárame para lo que has planificado. Acércame a tu corazón
y permíteme escuchar los anhelos profundos que hay en él.

Cierto día, mientras estos hombres adoraban al Señor y ayunaban,

el Espíritu Santo dijo: «Designen a Bernabé y a Saulo

para el trabajo especial al cual los he llamado».

HECHOS 13:2

Unos hombres de la iglesia de Antioquía estaban adorando, algunas traducciones dicen: «ministraban al Señor», y escucharon algo directamente del Espíritu Santo. No sabemos cómo se oyó, o si comenzó en el espíritu de uno de los hombres, o en varios de ellos simultáneamente. Solo sabemos que este grupo percibió colectivamente una guía que pudieron atribuir definitivamente al Espíritu Santo, y que tuvo como resultado el inicio de viajes misioneros a territorios lejanos del imperio, que influirían dramáticamente en la historia mundial.

¿Qué escucharon con exactitud estos hombres? Sabemos lo que el Espíritu dijo, pero ¿habló con una voz audible? ¿Influyó en sus corazones con la «conciencia» profunda que no logran explicarla con claridad quienes la han experimentado? Cualquiera que sea el caso, sus palabras fueron específicas e indiscutibles. Los hombres estaban seguros de que habían escuchado a Dios.

Tal vez el asunto más importante no sea *cómo* escucharon, sino *lo que hacían* cuando escucharon. Estaban adorando y ayunando, ministrando al Señor, enfocados en los deseos y propósitos de él y no en los propios. No pedían guía ni buscaban su voluntad. No habían llegado con un plan de lo que querían lograr en el mundo. Hasta donde podemos apreciar, no tenían nada en su lista de pendientes más que el interés del corazón de Dios. Y esa actitud creó el ambiente apropiado para que escucharan instrucciones que cambiarían el mundo.

Una de las claves para escuchar la voz de Dios es que, ocasionalmente, dejemos de buscarla. Para él es más importante que lo conozcamos y lo amemos que lo que es para nosotros obtener información de él. Pero, cuando hacemos que la relación con él sea la prioridad, las instrucciones llegan. Aquellas personas que buscan su corazón descubrirán lo que verdaderamente hay en él.

Espíritu Santo, quiero escuchar tu voz,
así como los hombres de Antioquía la escucharon. Pero, más que eso,
quiero expresarte mi amor a través de la adoración.
Tú siempre eres mi prioridad.

Pero ustedes no están dominados por su naturaleza pecaminosa.

Son controlados por el Espíritu si el Espíritu de Dios vive en ustedes.

ROMANOS 8:9

«Soy un pecador salvado por gracia». Esa es la declaración de casi cada cristiano que entiende la naturaleza de la salvación y adopta la humildad. Y es cierto; todos hemos salido de una condición de pecado y hemos sido salvados puramente por gracia, a través de la fe en Jesús. Pero es posible que nos enfoquemos tanto en nuestro trasfondo caído que olvidamos la gloria de nuestra condición actual. Sí, éramos pecadores; y sí, todavía pecamos en ocasiones. Pero esa no es la declaración final de Dios acerca de nosotros, y tampoco debería ser la nuestra. Nos resucitó y nos sentó con Jesús en el cielo (Efesios 2:6) y su Espíritu nos ha llenado, dirigido y empoderado. Eso es lo que somos.

Nunca nos sentiremos seguros de si escuchamos la voz de Dios a menos que sepamos esto. Si nos enfocamos en el hecho de nuestra condición pecaminosa, siempre supondremos que nuestros pensamientos e impulsos internos son de origen pecaminoso, no motivados por el Espíritu de Dios; nunca confiaremos en que el Espíritu nos inspira y empodera, que es Dios quien actúa en nosotros para agrado suyo (Filipenses 2:13). Reconocer su voz requiere que reconozcamos los deseos y pensamientos que él pone en nosotros. Para creer que nuestra inspiración procede de él, debemos creer que Él, no nuestra naturaleza pecaminosa, es la fuerza que domina nuestro corazón.

Nunca reconozca las profundidades de las que salió sin reconocer también las alturas a las que Dios le está llevando. Hacer énfasis en lo primero, por sobre lo segundo, es subestimar e incluso deshonrar el poder y las promesas de Dios. Él no nos salvó a tan enorme precio para que sigamos siendo pecadores quebrantados. Cuando nos mostró ese lado de nosotros lo hizo solo para que llegáramos a su reino y experimentáramos su poder y vida.

Espíritu de Dios, no confío en mí mismo,
sino que confío en que obras en mí con poder,
en que me hablas y hablas a través de mí de acuerdo a tu voluntad.
Algunos de mis pensamientos pueden ser pecaminosos,
pero muchos otros vienen directamente de ti.
Ayúdame a confiar en el Espíritu Santo que vive en mí.

La letra mata, pero el Espíritu da vida.

2 CORINTIOS 3:6, NVI

Nadie tiene que decirle al león que ruja. Simplemente lo hace. ¿Por qué? Porque es su naturaleza. Cuando nos esforzamos por obedecer la voz de Dios y nos cuesta, demostramos un hecho de nuestra relación con su Palabra: *no* es nuestra naturaleza. Claramente, eso es cierto con frecuencia; estamos en un proceso de transformación que dura toda la vida. Pero eso no es lo ideal. Nuestra meta es salir de esa condición para que escuchar a Dios sea realmente un asunto de estar *en* él. Queremos «rugir», o servir, o hablar o seguir su guía, no solo porque él nos dice que lo hagamos, sino porque es nuestra naturaleza.

La letra no puede lograr eso, pero el Espíritu sí. Sin embargo, es triste que muchos cristianos no son llenos, ni dirigidos continuamente por el Espíritu. La mayoría de nosotros tendemos a volver a vivir por nuestras propias fuerzas. Escuchamos la Palabra de Dios y nos disponemos a practicarla, por nuestra cuenta. Olvidamos el proceso que Dios ha dado. Debemos rechazar nuestra propias fortalezas y habilidades, descansar en su Espíritu, depender de su fortaleza y habilidades, llegar a ser transformados, no por medio de hacer cosas, sino por la intimidad que tenemos con él, y luego vivir «naturalmente» de acuerdo a la naturaleza nueva que Dios está desarrollando en nosotros. Ese es un proceso profundo y de peso, pero no es difícil. El yugo de Jesús es fácil, y su carga es liviana. Él vive en nosotros para que nosotros no tengamos que cargar el peso de la vida. Su Espíritu nos da la vida que necesitamos para vivir realmente.

Esa es la diferencia entre religión y relación, los contrastes que con frecuencia señalamos, pero rara vez experimentamos de manera completa y constante. Nos apoyamos en la religión con demasiada facilidad. Pero si podemos, repetida y decididamente, enfocarnos en Dios, y si podemos desarrollar una mirada orientada hacia Dios y depender de su vida en nosotros, nuestra naturaleza interna será transformada con gran poder. Y experimentaremos al Espíritu que da vida.

> *Espíritu Santo, planta tus palabras en mí,*
> *como semillas que brotan a la vida. Permite que*
> *mi naturaleza interna florezca.*
> *Permite que tus pensamientos más profundos*
> *lleguen a ser mis pensamientos más profundos.*
> *Vive en mí con fuerza y permíteme apoyarme en tus esfuerzos.*

Debido a que somos sus hijos, Dios envió al Espíritu de su Hijo a nuestro

corazón, el cual nos impulsa a exclamar «Abba, Padre».

GÁLATAS 4:6

*E*l Espíritu de Dios pone el grito de un niño dentro de nosotros. Exclamamos «*Abba*», una palabra de intimidad familiar para «padre», como *Papi,* para hablar con nuestro Padre celestial. No somos esclavos, como nos lo asegura Romanos 8:15, sino hijos adoptados y favorecidos de la familia divina. Podemos tomar por sentado nuestra familiaridad con Dios. Podemos hablarle en la intimidad. Podemos acercarnos a su trono con atrevimiento, sin acobardarnos ante su majestad.

Si el Espíritu de Dios nos motiva a hablarle a Dios con un lenguaje familiar e íntimo, es lógico que él también nos hable en términos muy familiares. Dios nos llama con palabras de cariño, apela a los secretos de nuestro corazón y nos invita a sentarnos en su regazo y a experimentar su afecto. ¿Cómo no podría hacerlo? Si él pone el grito de *Abba* en nosotros, nunca reprenderá la intimidad que viene después. Él nos permite hablarle personalmente, y nos habla personalmente con ternura y amabilidad. De la manera íntima en que el Padre se relaciona con Jesús, se relaciona con el Espíritu de Jesús que está en nosotros.

No permita que las personas den formalidad a su relación con Dios, advirtiéndole de llegar a ser «demasiado familiar» o «demasiado íntimo». Disfrazarán esas advertencias con un llamado a la «reverencia» y al «respeto», actitudes apropiadas, sin duda, pero no cuando minimizan nuestra relación, como la de un niño, con nuestro Padre celestial. Dios, quien sabe cómo abrir nuestros corazones precisamente con las palabras apropiadas, a menudo hará que sus palabras sean profundamente personales. Podrían parecerle frívolas a otra persona, pero ciertamente no lo son para nosotros porque sabemos lo que significan. Él nos habla en lo más profundo de nuestro corazón, como el lenguaje que utiliza un padre cuando juega con su hijo que puede dejar una huella significativa sobre el niño. En la familia divina, eso siempre es apropiado.

Abba, Padre mío, tú sabes que te respeto y me inclino ante ti. Pero también necesito sentir tus brazos que me rodean y escuchar tus palabras personales. Háblame con amabilidad, alegría y afecto. Necesito el amor de mi Abba.

Así dice el SEÑOR, el Dios de Israel: «Lo que me has rogado acerca de Senaquerib, rey de Asiria, he escuchado». [...] El SEÑOR ha hablado contra él.

2 REYES 19:20-21 NBLA

Los asirios habían rodeado Jerusalén y estaban a punto de apoderarse de la ciudad, de esclavizar a sus ciudadanos y, probablemente, de matar al rey Ezequías y a su familia. El ejército de Judá no estaba a la altura de los invasores. La derrota parecía inminente, y el rey asirio, Senaquerib, no era reacio a insultar, intimidar y recordar a todos su invencibilidad. Ezequías podía optar por rendirse y salvar la ciudad, sacrificando potencialmente su propia vida y la de su familia, y sometiendo a Judá a esclavitud, o bien podía elegir orar y pedirle a Dios que librara a su pueblo, y esperar, contra toda esperanza, que Dios respondiera y evitara una masacre.

Ezequías oró, y expuso su necesidad ante el Señor, y Dios lo oyó. Isaías profetizó el deceso de Senaquerib. El rey tendría que irse para enfrentar a otro enemigo, y antes de que pudiera regresar y llevar a cabo sus amenazas, sería asesinado. La profecía se cumplió, y el ejército de Asiria fue aniquilado durante la noche por el ángel del Señor. Senaquerib fue asesinado más adelante por sus propios hijos. Judá se salvó.

La voz de Dios resolvió el dilema de Ezequías por medio de Isaías. Antes de que la liberación llegara, la liberación se había declarado. Dios no dejó al rey en una situación desesperada, sin ninguna guía. No evitó la situación desesperada en primer lugar, pero sí guio a Ezequías a través de ella. Algún otro de los reyes de Judá, muchos de los cuales fueron impíos, podría haber tomado una decisión catastrófica en ese momento. Pero a Ezequías, atascado entre las opciones A y B, se le dio la opción C: esperar la liberación milagrosa. La voz de Dios le permitió colaborar con el resultado ordenado divinamente.

Por eso es que tenemos que orar, esperar y escuchar. Dios tiene soluciones, pero podemos experimentarlas solo si sabemos colaborar con ellas. Y podemos conocerlas solo si presentamos nuestra necesidad, escuchamos con detenimiento y creemos.

> *Yo también tengo situaciones imposibles, Señor. Por favor, háblame en ellas. Devuelve las amenazas, revierte el ímpetu y abre puertas de oportunidad. Permíteme ver los milagros que vienen de tu boca.*

Como dicen las Escrituras: «Los hechos de cada caso deben ser establecidos por el testimonio de dos o tres testigos».

2 CORINTIOS 13:1

Yo batallaba, preguntándome si Dios había cambiado de parecer en cuanto al llamado que me había dado. Números 23:19 surgió en mi memoria, en ese texto se declara que Dios no es hombre, no miente ni tiene necesidad de cambiar de parecer. Imprimí el versículo y lo fijé encima de mi escritorio, tal vez, tratando de convencerme a mí mismo de que tenía que ser cierto en mi situación. Cada día, no, numerosas veces al día, miraba el versículo y me lo repetía enfáticamente, a mí mismo y a Dios, en caso de que él necesitara algún recordatorio al respecto. Como lo implica el versículo, él nunca ha hecho una promesa que no haya cumplido.

Aun así, tenía que seguir recordándome que Dios es fiel, incluso cuando las circunstancias visibles parecen indicar lo contrario. Unos días después, cuando batallaba otra vez, les pedí a algunos amigos que oraran por mí y vieran si Dios les daba algún mensaje para mí. Ellos me dieron algunas palabras de ánimo, y entonces uno dijo: «Siento que Dios quiere que sepas que él no es hombre para que mienta, ni hijo de hombre para que cambie de parecer». Quedé anonadado. No estaba sorprendido, solo pasmado por la confirmación. Dios habló directamente a mi corazón a través de un amigo que no sabía absolutamente nada de la batalla que había dentro de mi corazón.

Dios no se muestra reacio a confirmarnos sus palabras, ni se incomoda cuando le pedimos. Una multitud de peticiones puede indicar falta de fe, pero una petición sincera de confirmación, no. Su Palabra requiere que las acusaciones sean confirmadas por dos o tres testigos; el mismo principio se puede aplicar a nuestra escucha e inseguridades en cuanto a ello. ¿Ha hablado Él en realidad? Pregúntele. Él se lo volverá a decir.

Señor, gracias por tu paciencia,
no solo para hablarle a oídos sordos como los míos, sino para repetirlo
cuando no estoy seguro de lo que has dicho. Estoy muy agradecido
porque no te has enfocado en mi escucha imperfecta.
Te enfocas en ayudarme a entender.

[Jesús dijo:] «Si ustedes permanecen en mí y mis palabras permanecen

en ustedes, pueden pedir lo que quieran, ¡y les será concedido!».

JUAN 15:7

Del corazón de Dios

«"Si ustedes permanecen en mí y mis palabras permanecen en ustedes". Tú batallas en comprender esto, pero no es complicado. Yo injerto mi vida en la tuya y la tuya en la mía; nos convertimos en uno. Y yo planto mis palabras en ti para que crezcas y produzcas fruto. Por eso es que puedes relacionarte conmigo y orar con fe completa.

»Tal vez te ayude si entiendes lo que esto *no* quiere decir. Cuando te doy una instrucción, quiero que la hagas tuya, no que la consideres una opción. Cuando te doy una promesa, quiero que te aferres a ella, independientemente de lo que veas o de lo que cualquiera diga en cuanto a ella. Cuando te doy ánimo, espero que no lo desestimes como "de poco valor" o que subestimes su poder, sino que te alimentes de él como la verdad que da vida. El hecho de que mis palabras "habiten" y "permanezcan" en ti significa no solo asentir con la cabeza en señal de conformidad, sino también permitir que ellas le den forma a tu identidad. Con mi voz introduzco el ADN espiritual de mi Padre en tu espíritu. Con base en ello, te doy esta promesa de oración respondida.

»Aférrate a mis palabras. Son más que ánimo, instrucción y promesa. Son tu vida. Te forman. Ellas plantan semillas en tu corazón que crecerán y producirán una cosecha. Son promesas que se cumplen solamente cuando puedes aferrarte a ellas sin soltarte, incluso cuando el viento y las olas traten de sacudirte. Honro la tenacidad santa de aquellas personas que han aceptado tan a fondo mis palabras que no les es posible perder su confianza en ellas sin abandonar una parte de sí mismas. No solo las escuches. Permite que lleguen a vivir dentro de ti de tal modo que jamás se extingan».

> *Jesús, he anhelado el cumplimiento de esta promesa;*
> *permite que tu permanencia y la de tus palabras en mí*
> *lleguen a ser mi realidad, mi experiencia en cada área de mi vida.*
> *Permíteme encontrar mi identidad, cada impulso, cada respiro,*
> *cada latido del corazón, en tus palabras.*
> *Y que el Padre responda mis oraciones como*
> *si vinieran directamente de ti.*

ÍNDICE DE PASAJES BÍBLICOS

ACERCA DEL AUTOR

*C*hris Tiegreen es autor de más de cincuenta libros y guías de estudio, como *The One Year Experiencing God's Presence Devotional* (Devocional en un año - Cómo experimentar la Presencia de Dios), *The One Year Salt and Light Devotional* (Devocional en un año - Sal y luz). Además, ha sido escritor colaborador en más de veinte proyectos de libros, y ha escrito cientos de artículos de revistas y periódicos, los cuales abarcan desde comentarios culturales hasta devocionales inspiradores y artículos sobre el ministerio y las misiones internacionales.

Chris es fotoperiodista experimentado, estudiante de idiomas, aficionado ocasional de arte, pianista ocasional, aficionado fanático, pero razonable, del fútbol americano universitario y viajero apasionado. En especial, le encantan las playas y las aventuras en el tercer mundo. Además de escribir y hacer fotografía para boletines y libros, ha sido pastor, misionero e instructor universitario sobre asuntos globales. Él y su familia viven en Atlanta.